# シリア　震える橋を渡って

ウェンディ・パールマン
安田菜津紀／佐藤 慧［訳］

# シリア
## 震える橋を渡って
### 人々は語る

岩波書店

WE CROSSED A BRIDGE AND IT TREMBLED
Voices from Syria
by Wendy Pearlman

First published 2017 by Custom House, New York.
This Japanese edition published 2019
by Iwanami Shoten, Publishers, Tokyo
by arrangement with Custom House, an imprint of HarperCollins Publishers
through Japan UNI Agency, Inc., Tokyo.

自身の物語を最後まで歩めなかった全ての犠牲者に捧ぐ

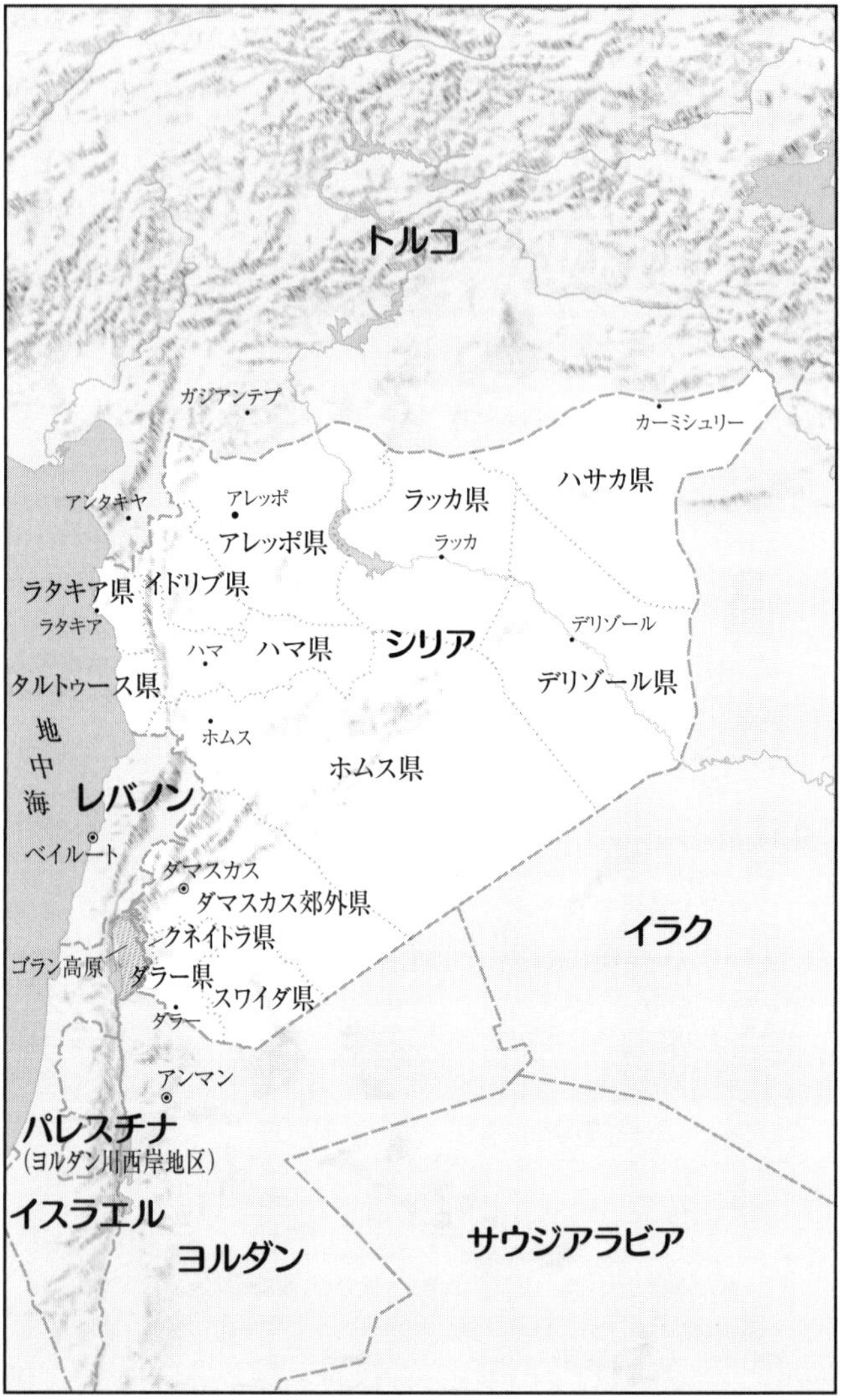
トルコ
ガジアンテプ
カーミシュリー
アンタキヤ
アレッポ
ラッカ県
ハサカ県
アレッポ県
ラッカ
ラタキア県
イドリブ県
ラタキア
デリゾール
ハマ
ハマ県
シリア
タルトゥース県
デリゾール県
ホムス
地中海
ホムス県
レバノン
ベイルート
ダマスカス
ダマスカス郊外県
イラク
クネイトラ県
ゴラン高原
ダラー県
スワイダ県
ダラー
アンマン
パレスチナ
(ヨルダン川西岸地区)
イスラエル
ヨルダン
サウジアラビア

# 本書に登場する人々

**アイハム**　ウェブ開発者。ダマスカス出身。二〇一六年六月一二日、デンマークのコペンハーゲンにてインタビュー。

**アジザ**　校長。ハマ市出身。二〇一六年三月二〇日、アラブ首長国連邦ドバイにてインタビュー。

**アシュラフ**　アーティスト。ハサカ県カーミシュリー出身。二〇一三年九月三日、トルコのアンタキヤにてインタビュー。

**アダム**　メディア・オーガナイザー。ラタキア市出身。二〇一六年六月一二日、デンマークのコペンハーゲンにてインタビュー。

**アナス**　医師。ダマスカス郊外グータ出身。二〇一三年九月二二日、トルコのアンタキヤにてインタビュー。

**アブー・サミール**　自由シリア軍司令官、元陸軍将校。ダマスカス郊外県ドゥーマ出身。二〇一三年九月一日、トルコのアンタキヤにてインタビュー。

**アブー・タヤール**　航空エンジニア。ダラー市出身。二〇一二年九月一六日、ヨルダンのアンマンにてインタビュー。

**アブー・ターレク**　エンジニア。ハマ県の村出身。二〇一三年九月二五日、トルコのレイハンルにてインタビュー。

**アブー・フィラス**　自由シリア軍兵士。イドリブ県マアッラト・アン＝ヌウマーン出身。二〇一三年九月二〇日、トルコのレイハンルにてインタビュー。

**アブー・マアン**　活動家、自由シリア軍兵士。ダラー市出身。二〇一三年八月一七日、ヨルダンのアンマンにて、二〇一三年一一月一五日、ヨルダンのイルビドからSkypeにてインタビュー。

**アブデル＝アジズ**　フランス語教師。ダラー県ソウラ村出身。二〇一二年一〇月一九日、ヨルダンのザータリ難民キャンプにてインタビュー。

**アブデル＝サメッド**　事業主。ダラー県アル＝ジーザ村出身。二〇一二年九月一七日、ヨルダンのイルビドにてインタビュー。

**アブデル＝ナーセル**　ファイナンシャル・マネージャー、人権活動家。ダマスカス郊外県ドゥーマ出身。二〇一六年六月二六日、スウェーデンのストックホルムにてインタビュー。
**アブデル＝ハリーム**　自由シリア軍兵士。ホムス市出身。二〇一六年一月一〇日、トルコのガジアンテプにてインタビュー。
**アブドゥルラハマーン**　エンジニア。ハマ市出身。二〇一六年六月一四日、デンマークのコペンハーゲンにてインタビュー。
**アフメッド**　活動家。ダラー市出身。二〇一二年一〇月九日、ヨルダンのアンマンにて、二〇一六年一〇月二七日と同年一一月二七日、アメリカ合衆国ヴァージニア州リーズバーグからSkypeにてインタビュー。
**アベッド**　自由シリア軍司令官、元陸軍将校。ホムス県パルミラ出身。二〇一三年八月二四日、ヨルダンのアンマンにてインタビュー。
**アマル**　元大学生。アレッポ市出身。二〇一三年一〇月一日、トルコのガジアンテプにてインタビュー。
**アミン**　理学療法士。アレッポ市出身。二〇一六年一月一〇日、トルコのガジアンテプにてインタビュー。
**イサーム**　会計士。アレッポ県の村出身。二〇一五年一一月一二日、トルコのイスタンブールにてインタビュー。
**イブラヒム**　元大学生、コンピューター科学専攻。ハマ県の村出身。二〇一三年九月二五日、トルコのレイハンルにてインタビュー。
**イマッド**　元大学生。ハマ県サラミーヤ出身。二〇一六年八月二日、ドイツのベルリンにてインタビュー。
**イマーン**　エンジニア。ダマスカス郊外県ハラスタ出身。二〇一六年五月二〇日、アメリカ合衆国イリノイ州シカゴにてインタビュー。
**イリアス**　歯科医。ハマ県スカルビヤ村出身。二〇一三年九月五日、トルコのアンタキヤでインタビュー。
**ウサム**　コンピュータープログラマー。ダマスカス郊外県アルテル出身。二〇一二年一〇月一六日にヨルダンのアンマンにてインタビュー。
**ウム・カレッド**　母親。アレッポ市出身。二〇一六年一月二八日、レバノンのトリポリにてインタビュー。
**ウム・ナジ**　母親。ヤルムーク・パレスチナ難民キャンプ出身。二〇一六年六月二二日、ドイツのベルリンにてインタビュー。
**エヤッド**　ロー・スクール卒業生。ダマスカス郊外県ダラヤ出身。二〇一六年六月二〇日、スウェーデンのムーラムにてインタビュー。
**オサマ**　高校生。ホムス県アル＝クサイル出身。二〇一六年六月二三日、デンマークのコペンハーゲンにてインタビュー。
**オマール**　脚本家。ダマスカス出身。二〇一六年一月一二日、レバノンのベイルートにてインタビュー。
**ガイス**　元大学生、経済学専攻。アレッポ市出身。二〇一六年六月二三日、ドイツのベルリンにてインタビュー。
**ガサン**　アーティスト。カーン・エシュ・シエ・パレスチナ難民キャンプ出身。二〇一六年六月二二日、ドイツのベルリンにてインタビュー。
**カリーム**　医師。ホムス市出身。二〇一三年八月二六日、ヨルダンのアンマンにて、二〇一六年七月二日、ドイツのベルリンにてインタビュー。
**カリール**　自由シリア軍司令官、元陸軍将校。デリゾール市出身。二〇一三年九月二一日、トルコのアンタキヤにてインタビュー。
**キャプテン**　自由シリア軍兵士。アレッポ市出身。二〇一三年九月一〇日、トルコのアンタキヤにてインタビュー。
**キンダ**　活動家。スワイダ市出身。二〇一三年一〇月四日、トルコのガジアンテプにてインタビュー。
**サーダック**　獣医助手。スワイダ県出身。二〇一六年七月二四日、ドイツのベルリンにてインタビュー。
**サナ**　グラフィックデザイナー。ダマスカス出身。二〇一六年一月三〇日、レバノンのベイルートにてインタビュー。
**サファ**　母親。ホムス市出身。二〇一六年一月二八日、レバノンのトリポリにてインタビュー。
**サミ**　大学卒業生。ダマスカス出身。二〇一六年一月三一日、レバノンのベイルートにてインタビュー。
**サラー**　造園設計家。ダラー県ナイマ村出身。二〇一二年一〇月一三日、ヨルダンのイルビドにてインタビュー。
**シェーリーン**　母親。アレッポ市出身。二〇一三年九月三日、トルコのアンタキヤにてインタビュー。
**シャディ**　会計士。ハマ県出身。二〇一三年九月二六日、トルコのレイハンルにてインタビュー。
**シャフィック**　ビジネススクール卒業生。ダマスカス郊外県ダラヤ出身。二〇一三年一〇月四―六日、トルコのガジアンテプにてインタビュー。
**ジャマール**　医師。ハマ市出身。二〇一二年一〇月一一日、ヨルダンのイルビドにてインタビュー。

**シャーム**　難民救済ワーカー。ダマスカス郊外県ドゥーマ出身。二〇一六年六月二六日、スウェーデンのストックホルムにてインタビュー。

**ジャラール**　写真家。アレッポ市出身。二〇一六年一月一〇日、トルコのガジアンテプにてインタビュー。

**ズィヤッド**　医師。ホムス市出身。二〇一二年一〇月二日、ヨルダンのマルジアルハマムにてインタビュー。

**タイシール**　弁護士。ダラー市出身。二〇一三年八月一四日、ヨルダンのイルビドにてインタビュー。

**タリア**　テレビニュース特派員。アレッポ市出身。二〇一六年一月一二日、トルコのガジアンテプにてインタビュー。

**タレク**　医師。ダマスカス郊外グータ出身。二〇一三年九月二二日、トルコのアンタキヤにてインタビュー。

**ナディール**　活動家。ハサカ県ラース・アル＝アイン出身。二〇一三年一〇月五日、トルコのガジアンテプにてインタビュー。

**ナビル**　ミュージシャン。ダマスカス出身。二〇一六年八月二九日、ドイツのベルリンにてインタビュー。

**ヌール**　美容師。アレッポ市出身。二〇一六年八月一三日、ドイツのベルリンにてインタビュー。

**ハーケム**　農業技術者、薬剤師。デリゾール県出身。二〇一六年七月二四日、ドイツのベルリンにてインタビュー。

**ハディ**　商店主。ラタキア県サルマ村出身。二〇一三年九月七日、トルコのアンタキヤにてインタビュー。

**ハディア**　臨床セラピスト。ダマスカス出身。二〇一六年五月二〇日、アメリカ合衆国イリノイ州シカゴにてインタビュー。

**ハニーン**　大学卒業生。ダマスカス郊外県ダラヤ出身。二〇一六年六月一一日、ドイツのキール近郊の村にてインタビュー。

**ハモウディ**　大学卒業生、工学専攻。アレッポ市出身。二〇一三年九月四日、トルコのアンタキヤにてインタビュー。

**ヒバ**　元大学生、薬学専攻。ダマスカス郊外県カラムーン出身。二〇一六年一月三〇日、レバノンのベイルートにてインタビュー。

**ビラール**　医師。ダマスカス郊外県ハラスタ出身。二〇一六年五月二〇日、アメリカ合衆国イリノイ州シカゴにてインタビュー。

**ファディ**　舞台装置・照明スペシャリスト。ハマ市出身。二〇一二年九月二〇日、ヨルダンのアンマンにてインタビュー。
**ファード**　外科医。アレッポ市出身。二〇一六年一月二九日、レバノンのベイルートにてインタビュー。
**フィラス**　コンピューターエンジニア、ジャーナリスト。アレッポ市出身。二〇一六年一月九日、トルコのガジアンテプにてインタビュー。
**フサイン**　脚本家。アレッポ市出身。二〇一六年一月一一日、トルコのガジアンテプにてインタビュー。
**ブシェル**　映画学校学生。ダマスカス出身。二〇一六年三月二二日、トルコのイスタンブールにてインタビュー。
**ブシュラ**　母親。ダマスカス郊外県アルテル出身。二〇一六年二月一日、レバノンのベカー高原、マルジにある非公式テント居住区にてインタビュー。
**マスード**　活動家。ハサカ県カーミシュリー出身。二〇一三年一〇月一日、トルコのガジアンテプにてインタビュー。
**マフムード**　俳優。ホムス市出身。二〇一二年九月二〇日、ヨルダンのアンマンにてインタビュー。
**マヘール**　教師。ハマ県ラタミナ村出身。二〇一六年七月一九日、ドイツのベルリンにてインタビュー。
**マルセル**　活動家、ブロガー。アレッポ市出身。二〇一六年一月一一日、トルコのガジアンテプにてインタビュー。
**ミリアム**　若い女性。アレッポ市出身。二〇一二年九月二〇日、ヨルダンのアンマンにてインタビュー。
**ムサ**　大学教授。アレッポ市出身。二〇一六年七月一一日、ドイツのベルリンにてインタビュー。
**ムスタファ**　床屋。ハマ県サラミーヤ出身。二〇一六年三月二四日、トルコのイスタンブールにてインタビュー。
**ムハンマド**　大学教授。ダマスカス郊外県ジャウバール出身。二〇一六年三月一六日、アラブ首長国連邦アブダビにてインタビュー。
**ムンタセール**　ジャーナリスト。ダラー市出身。二〇一三年八月二五日、ヨルダンのイルビドにてインタビュー。
**ヤスミン**　幼児教育専門家。ヤルムーク・パレスチナ難民キャンプ出身。二〇一六年六月二二日、スウェーデンのマルメにてインタビュー。
**ヤーセル**　元大学生。アレッポ市出身。二〇一二年九月二〇日、ヨルダンのアンマンにてインタビュー。

**ユスラ**　母親。アレッポ市出身。二〇一六年七月二四日、ドイツのベルリンにてインタビュー。

**ユセフ**　元医学生。ハサカ県アルシャダディ村出身。二〇一六年七月二五日、スウェーデンのストックホルムにてインタビュー。

**ラナ**　原子力エンジニア。ダマスカス出身。二〇一六年一二月五日、ドイツのノルデンハムからSkypeにてインタビュー。

**ラナ**　母親。アレッポ県出身。二〇一三年九月九日、トルコのアンタキヤにてインタビュー。

**ラミ**　大学卒業生。ヤルムーク・パレスチナ難民キャンプ出身。二〇一六年六月一八日、スウェーデンのルンドにてインタビュー。

**リマ**　ライター、活動家。スワイダ市出身。二〇一二年一〇月七日、ヨルダンのアンマンにてインタビュー。

**ワエル**　大学卒業生。ダマスカス郊外県ダラヤ出身。二〇一三年一〇月二日、トルコのガジアンテプにて、二〇一六年六月一九日、スウェーデンのハルムスタッドにてインタビュー。

**ワダー**　医学校卒業生。ラタキア県出身。二〇一六年三月一九日、アラブ首長国連邦ドバイにてインタビュー。

**ワリッド**　詩人。ダマスカス郊外県出身。二〇一三年八月二八日、トルコのイスタンブールにてインタビュー。

# 序　文

二〇一二年秋のある夜、私はヨルダンの首都アンマンにある風通しの良いバルコニーでリマと出会いました。二〇一一年まで、リマはシリアでテレビの脚本家として働いていました。彼女はバッシャール・アル＝アサドの権威主義体制に反対する活動に積極的に関わるようになり、その後、全国各地で抗議活動を指揮する地方ネットワーク委員会のスポークスパーソンを務めました。その活動により、彼女は政権に数日間拘束されてしまいましたが、釈放後再び仕事に戻りました。政権の諜報機関のエージェントは、より恐ろしい刑罰を科すと彼女を脅し、追跡してきました。彼女は隣国のヨルダンに逃れ、そこで私は友人にリマを紹介してもらったのです。リマは、危険を冒して活動を続ける大胆な女性というイメージとはかけ離れた、とても繊細な声で語りましたが、亡くなった友人たちや、いまだ多くの血を流し続ける祖国のことなど、彼女の肩に重くのしかかる悲しみについては触れませんでした。彼女の革命に対する想いは揺るぎないものでした。「シリアの人々は、路上に出て声を上げた瞬間に政権を打ち破ったのです」と彼女は言いました。「もう二度と誰にも私たちの夢を奪わせたりしません」。

ヨルダンの首都が広がる丘を見下ろしながら交わしたその会話から五年近くの間に、私は何百人ものシリア人男性、女性、そして子どもたちと知り合いました。その人々の中には主婦や反乱軍兵士、髪の毛をジェルで固めた若者や、パリッとしたシャツに身を包むビジネスマン、信念を持った活動家、そして戦乱に巻き込まれた多くの普通の家族たちがいました。本書執筆時点でのシリア難民の大多数がそうであるように、私の出会った人々のほとんどはアサドの支配に反対していました。シリアの人々が祖国を出て行かなければいけなくなった原因は、時の経過とともに変わっていきましたが、紛争初期の数年間に国外へ避難することのできた人々の多くは、アサドの支配に抗う個人や地域に対して行われた、政権による空爆や恐ろしい刑罰から逃れるために国を後にしたのでした。

この本は、シリア人のほんの断片に焦点を合わせたものに過ぎません。私がインタビューした人々の言葉は、シリア国内の複雑に入り混じる宗教や政治思想を持つ人々全てを代弁しているものではありませんし、特にアサド政権を支持している人の言葉ではありません。しかしわずかな断片とはいえ、自らの言葉で語られるそれらの人々の物語は、滅多に耳にすることのできない貴重なものです。世界中の政治家やコメンテーターが、シリア人を哀れな犠牲者、保護の必要な集団、もしくは非難すべき急進派、抑え込むべき恐ろしい脅威などとして語っています。世界的問題としてシリアを語るとき、それはまるで吹き荒れる旋風のような言葉の応酬となり、実際にそこに生きる人間としてのシリア人の声に耳を傾ける機会を見つけるのは難しくなってしまうのです。

この本は、そういった生きた声を届けるものです。中東を専門とする政治学の教授として教鞭を執っているノースウェスタン大学で、二〇一一年に繰り広げられた〝アラブの春〟の様子をパソコンのスクリーンを通して目にしたとき、私はシリア人の声を記録しようと思い立ちました。二〇年以上も中東地域で暮らし、その研究を続けてきた私は、陽気な路上の抗議者たちや、反抗的なスローガン、国から国へと伝わっていく、人々の連帯の織りなす感動的な出来事の虜となりました。他の人々と同様に、私はこの革命の波がシリアに届くことはないと思っていました。大勢の国民を動員したデモが発生した他のアラブ独裁政権と比較すると、シリアの一党警察国家体制はより抑圧的で、その軍隊はより深く体制と結びついており、市民社会の力は削がれていました。バッシャール・アル＝アサドの政権は、国内受けのよい外交政策や、様々な福祉を提供する国家システムを継承し、一般的には国民の尊敬を集めている若い大統領がいるという強みを満喫していました。チュニジアやエジプトといった国々は、その大部分が同質的社会で、市民のほとんどは政府から疎外されていました。しかしシリアにはモザイクのように宗教的少数派が入り混じった多様性があり、国民は、アラウィー派という少数派出身である大統領を支持していました。それにもかかわらずシリア人たちは路上へ出てきたのです。怪我や逮捕、死ぬことさえありうる恐怖をものともしない何十、何百の群衆はすぐに膨れ上がり、何十万ものシリア人たちが意を決して抗議の声を上げたのです。リマの言葉を借りて言うならば、彼らは思い切って夢を描いたのです。

これらの抗議活動に興味を持ち、より近くで観察するにしたがい私は、人々が危険を冒してまで抗議活動に参加することの意味を知りたいと願うようになりました。この芽生えたばかりの民衆蜂起がどのように人々を変えてきたのか、そして同様に、人々はどのようにして歴史の流れを変えてきたのか理解したいと思うようになりました。シリア国内は危険な状況だったので、私はシリアから避難してきた数百万の人々の中から体験談を聞かせてもらうことにしました。二〇一二年の夏、私はヨルダンに渡航しました。そこで私は六週間かけ、可能な限り、避難してきたシリアの人々にインタビューをしました。二〇一三年、私は再びヨルダンに戻り、その後トルコでも二カ月間を過ごしました。そこで私は様々な出身地やバックグラウンドを持つシリア人にインタビューすることができました。二〇一五年と二〇一六年には、私はトルコでさらに数カ月、レバノンで二週間、そしてドイツ、スウェーデン、デンマークに三カ月滞在しました。シリア人を見かけたら、私はどこでも取材をお願いしました。シカゴの自宅から自転車で行ける距離に新しく引っ越してきた家族や、学術会議などで訪問したドバイで出会った何十年もそこに住んでいるシリア人など、多くの人に出会いました。インタビューのたびに私は、より様々な経験を持つシリア人のコミュニティと繋がり、シリア紛争の記録となるこの本が生まれることになったのです。

その過程で私は、難民たちのコミュニティと関わることに没頭しました。ある家族と何週間も一緒に寝泊まりし、カフェラテを飲みながら夜更けまで話し込み、病院やリハビリテーションセンターで負傷者たちの傍らに座りました。埃っぽい難民キャンプや、不潔な非公式居住区、避難所となった体育館などを訪問しました。トルコとシリアの国境で中学生にジャーナリズムを教えたり、ベルリンの市街地で服を配ったりといった様々なボランティア活動も行いました。こういった場所や、他の数えきれないところで、子どもたちと遊んだり、食器を洗ったり、写真やビデオを撮ったり、タバコの副流煙を吸い込んだり、限られた予算の中で調理される素晴らしい食事をともにしたりしました。そして私は可能な限り、出会った人々にその個人的な物語を聞かせてくれるように頼みました。

それらのインタビューは、二〇一一年にシリアで民衆蜂起が起きる前、最中、そしてその後の期間について、それぞれの個人が自由に自らの人生を語り、再考するというものでした。それは二〇分程度の会話やグループディスカッションであったり、数日にわたり個人の人生を記録したり、ときには数年後に別の大陸でインタビューの続きを行ったりといったものまで様々でした。そのほとんどのインタビューを私はアラビア語で行いました。アラビア語は、流暢に話せるようになるまでに、私が人生の大半を費やして学んだ言語です。おかげで通訳に頼っていたら不可能だったであろう、インタビューする側とされる側の密接な関係を築くことができました。その関係性は長く続いていく友情の基礎となり、実際に今でも私はこの本に登場する人々と連絡を取り合っています。

インタビューを本としてまとめるためには、ふたつの工程を必要としました。ひとつ目は音声録音されたインタビューを書き起こすことです。その後ほとんどの場合、そのインタビューをアラビア語から英語に翻訳する必要がありました。これらの時間を要する作業を現実的なスケジュールで終了させるために、私は二〇人以上の助手を雇い、訓練し、監督しました。それから数カ月かけて、私自身で徹底的にその文章を精査しました。これはインタビュー当時も感じたことですが、その編集作業を行いながら、それぞれの個人の物語が、これほどにもひとつのまとまった大きな物語と密接に繋がり、溶け合っていくものなのだろうかと感銘を受けました。ひとつひとつの物語の中に見られる明らかな一致が、個々の人生がいかに同じ段階を経てきたのか、そしていかに同じような困難に直面し、取り組んできたのかということを暴いていったのです。たとえインタビューに応じてくれた方々が同意しなくとも、それらの証言は、権威主義から革命へ、そして戦争、亡命へと続くシリアの歴史の軌跡の中に、個々人の歩みがどれほど深く刻印されているかということを明らかにしました。

私はその軌跡をこの本の軸に据えることにしました。そして読者がその軌跡を確実に歩んで行くための案内となるような証言を選り抜き、抜粋しました。私はその言葉をシリア人自身の言葉のままであるように注意して選びました。その証言は、決して個人的な逸話を語るだけではなく、私が何かを追記する必要もないほどに、いったいシリアがどのように変わっていったのかという分析的な洞察も与えてくれます。とはいえ、それはこの本に物語が存在しないという意味ではありません。物語は、順番に語られるそれぞれの証言のはざまに横たわっているのです。それは先立つ証言に基づいて成り立ち、後に続く証言へと繋がり、この複雑な背景を持つ紛争の新たな一面を浮かび上がらせるのです。その物語を前に進めていくために私は、特定のパッセージを選ぶ際には、代表性と表現力というふたつの基準を用いました。代表性という面では、重要な出来事に関するものや、何度も語られる中心的な問題、そしてこれまでにすでに出版、発信されてきた、膨大な量のシリアに関する情報と共鳴するものを選びました。これらの証言に現れる共通性は、この本の中で語られる個々の証言や体験が、より広い範囲のシリア人にもあてはまるものだという確信を私に与えてくれました。表現力という観点からは、感情的な衝撃や、詳細な人間模様を伝える証言を選びました。何が起きたか、それがなぜ起こったのかと事実を説明するだけでなく、それを経験したのはまさにそこに生きていた人間なのだと思い出させてくれる、そんな強い印象を与える証言に強く惹かれました。

私はまるでモザイク画をつくるように、インタビューを抜粋し、まとめあげる作業に取り組みました。それぞれの証言は貴重な原石のようでした。それぞれの原石は独自の宝石のような魅力を放っています。私の役割は、それがひとつの欠片であるときよりも、全体として組み合わされたときに、より偉大な絵を構成するように配置することでした。宝石をカットするのは繊細な仕事でした。インタビュー全文を載せようとすれば、何十ページにも及ぶ可能性があり、しかもその話の流れは、あちこち自由に逸れてしまうものでした。人々はときに現在の出来事について語り始め、それから遠く離れた記憶に飛び、より最近の話に戻り、それから一周して、それまでに語られた経験を理解するための重要な出来事を加えたりします。そういった証言の長さを調整し、読みやすく編集する際に私が心がけていたことは、文字通り彼ら自身の言葉をきちんと伝えるということに加え、その言葉の裏に比喩的に潜んでいる、彼ら自身の本質的な部分に耳を澄ますということでした。そういった声をきちんと捉え表現するには、時として数ページを要することもありました。逆に、その生きざまから発せられる力強いエネルギーを表現するのに、わずか数語で済む場合もありました。この本で紹介される、様々な証言の長さの違いは、人々の豊かな多様性を示しているのです。

本名を使用してよいという許可を得ない限り、私は全ての証言者に仮名を使用しました。この序文の前にあるアルファベット順〔この翻訳書では五十音順とした〕の証言者リスト〔「本書に登場する人々」〕では、彼らの職業、出身地、そして私がインタビューを行った日付と場所を明らかにしています。あるシリア人女性が、私の編集した彼女自身の証言を読んだときに、「この文章には私の魂が宿っている」と言ってくれました。私は、他の証言もまた、証言者自身を表現するものとして組み立てていきました。本書全体を通じての目標は、シリア人自身がこの記録を読んだときに、自分たちの歴史がこの本の中に記されていると実感できるものにすることでした。「この本に書かれていることで驚くべきことは何もない」と、ある証言者が言いました。それは私にとって最高の賛辞です。それは少なくとも、この本の内容が、シリアの人々の本質的な物語を正しく摑んでいるということですから。

この本はシリアの革命期における主要な段階を反映した八つの部に分けて構成されています。ここから先の序文の残りのページは、個人的な物語の展開された背景を補完するための情報です。それぞれの証言に飛び込む前に、この歴史的な概観を読みたいと思う人もいるかもしれませんし、シリア紛争にあまり馴染みのない人は、各部の証言を読むごとに、その歴史的背景を知るためにこの序文に戻ってくることもできます。どのような読み方であれ、シリアの民衆蜂起、戦争、そして難民の置かれている状況を理解し、これらを全人類的な危機として捉え直すという本書の目的は達成されることと思います。

この本の第I部では、一九七〇年から二〇〇〇年にかけての、ハーフィズ・アル＝アサドの権威主義的なシリア統治について説明します。もちろん、シリアの歴史はそれ以前の何千年にも及びます。継続的に人々が居住する世界最古の都市群の中心地でもある、レバントと呼ばれる東地中海地方は、一六世紀初頭にオスマン帝国の支配下に置かれました。第一次世界大戦でオスマン帝国が敗北したことで、国際連盟はこれらのアラブ地域を、イギリスまたはフランスの植民地統治による別々の国民国家に切り分けました。フランスはシリアを委任統治領として獲得し、それぞれの宗派や人種の住む地域に沿って領土を分割しました。ダマスカスとアレッポという、分割されたふたつの州には、多数派を占めるイスラム教スンニ派のアラブ人、それよりは少ないキリスト教徒、そしてユダヤ教徒、イスラム教シーア派、イスラム教イスマーイール派などの宗教的共同体が存在しました。それと同時に、宗教的共同体とは違ったトルクメン人、アルメニア人、チェルケス人、そしてクルド人といった民族による共同体もありました。地中海沿岸部のラタキア地方は、歴史的に迫害を受けてきたイスラム教シーア派の一派とされているアラウィー派の住む州に指定されました。シリア南東部の隅は、異端と見なされている、イスラム教少数派のドゥルーズ派の州になりました。その後数年にわたり繰り広げられた植民地支配への抵抗運動は、様々なレベルで全土のコミュニティに拡がり、フランスはこの多様な地域を、ひとつの共和国として統合することを認めました。一九四六年、シリアはこうして主権国家となったのです。

シリアは、保守的で伝統的なエリートによって支配される、独立以前の議会制度を維持しました。それはすでに弱体化し、時代に即しているとは言えない制度でしたが、一九四八年のアラブ＝イスラエル戦争〔第一次中東戦争〕でのシリアの敗北により、さらに信用を失いました。その後の数十年の間に起きた、工業化、農業の機械化、教育へのアクセスの拡大、そしてその他の社会経済的な発展は、新たな中産階級の人口を膨らませ、小作人の政治的関心を引き起こしました。都会から離れた地域や宗教的少数派出身の若者たちは、伝統的な経済的価値観や政治機構は、自分たちの欲求や願望を叶えるには適していないと感じ、ますます過激な思想を持つ政党に加わっていくようになりました。アラブの結束と社会主義を掲げる革命運動に尽力するバアス党は、特に多くの支持を集めました。バアス党は軍部でも確かな足場を固め、そこでは周辺化されたコミュニティ出身の若い男性たちが、社会変革の手段を求めていました。

この階級闘争と、イデオロギー的興奮を背景に、一九四九年から六三年の間に、七つもの政府が軍事介入によって転覆されました。そして最後の一九六三年には、バアス党と手を結んだ軍の将校たちが、国家の支配権を掌握したのです。新政権は産業や企業の国有化や土地の再分配を推し進め、教育、医療、灌漑、補助金といった広範囲な福祉サービスの提供を始めました。これらの改革には大規模な人員が動員されましたが、富裕層やバアス党を敵視する人々は鬱憤を募らせていきました。それと同時に、バアス党は党内の分裂にも悩まされていました。その状況は一九六七年、シリアがイスラエルとの戦争〔第三次中東戦争〕に敗北し、ゴラン高原を占領された後によりいっそう悪化しました。バアス党内の権力闘争で頭角を現してきた指導者のひとりが、防衛大臣で空軍の司令官でもあったハーフィズ・アル゠アサド将軍でした。一九七〇年一一月、彼は競争相手を追放し、無血クーデターによって権力の座につきました。

アサド大統領は、数十年にわたる政治的に不安定な体制を、単一政党による警察国家へと変貌させました。複数の保安局と国内諜報機関を含む軍事警察組織は、国民や外国人を厳しく監視、調査し、罰しました。アサド大統領は、彼個人に忠誠を誓う人々を治安部隊の人員として雇い、自身の属するアラウィー派の信頼できるメンバーには、その能力に不相応な重要なポストを与えました。全国の何千もの支部や支局を足場に活動をしているバアス党は、地方の監視と統制のための機関として機能しました。同時にバアス党は、その何百万もの党員たちに、職業的、経済的な特権を与えることになったのです。

アサド大統領は、非公式な社会全体の同盟関係を巧みに操り、親政権派には利益を、そして反政権派には断固たる処罰を与えることを国民全体に知らしめました。宗教的少数派に対する保護を提示しながら、多数派であるスンニ派の有力者たちの忠誠を勝ち取るための根回しも怠りませんでした。伝統的なスンニ派の商人たちには、年々利益を拡大できるよう取り計らい、同時に、急速に膨れ上がる公共部門への雇用を含む、ポピュリスト的福祉国家体制を維持しました。そのような利益誘導型の政治は、重要な有権者層である小作人や労働者の支持を保ち続けましたが、それは国家全体に、持続不可能なほどの浪費や借金、そして汚職といった負の遺産を背負わせることにもなったのです。最終的にシリアの経済は、急激に増大していく人口に対処できるほどの成長を遂げることができずに、失墜していきました。

政権に対する確固たる支持が確立できていなかった地域では、体制に従うことを強制することでそのギャップを埋めました。九九％の賛成票により大統領の終身在職権を認めるという茶番のような選挙が行われる傍らで、いたるところに設置されたアサド大統領の写真や像が、人々に厳しい視線を投げつけていました。学校や、政府にコントロールされたメディアは、人々に発言していいことといけないことを教え、強制的な徴兵制度は、若い男性を過剰なまでに厳しい規律で縛りました。姿の見えない密告者のネットワークが社会を取り締まり、また、密告者自身も相互に監視の対象となりました。どこにいても安全ではないと感じていた親たちは、「壁には耳があるから小さな声で話しなさい」と子どもたちを躾けました。社会全体に染み渡った刑罰への恐れは、単に想像上のものではないのです。一九六三年に制定された非常事態法により、治安部隊は表現の検閲、市民集会の制限、財産の没収、および誰であっても逮捕、尋問、拘禁する権限を全面的に与えられました。政治犯は正当な法的手続きを与えられることなく、人口過密で不潔な牢獄に押し込められ、飢えや病気に喘ぎ、様々な拷問にかけられました。

これらの相互に連動し合う社会構造と実施された政策は、人々の組織的な反抗の芽を先んじて潰すに十分なものでした。例外は、一九七〇年代後半に起こりました。レバノン内戦に軍事介入するアサド政権の姿勢が物議を醸し、すでにインフレや汚職、治安部隊による虐待に辟易していたシリア人の不満に火を着けたのです。多くの市民団体や職能団体が、人々の人権意識を煽りました。それと呼応するように、一九二〇年代にエジプトで設立された、バアス党による支配に抗うイスラム主義政治組織のムスリム同胞団が、アサド政権への全面的な武力闘争を開始しました。当局は、数万人に及ぶ市民を無差別に殺害、投獄し、失踪させました。一九八二年にムスリム同胞団がハマ市で反乱を起こしたとき、アサド大統領は何万人もの一般市民を殺害する残忍な軍事攻撃を開始し、その一帯は瓦礫の荒野と化しました。シリア人たちが遠回しに〝あの出来事〟と呼ぶようになったこの事件のトラウマは、同時代の人々に、政府への反抗者にはどのような仕打ちが待っているのかを強烈に刻み込みました。

第Ⅱ部では、バッシャール・アル＝アサドが権力の座についた、二〇〇〇年から一〇年までの最初の一〇年間を検証します。ハーフィズ・アル＝アサドは彼の後継者として、長男のバーセルを手塩にかけて育てていました。一九九四年にバーセルが自動車事故で他界してしまうと、その期待は当時ロンドンで眼科医を目指して勉強をしていた次男のバッシャールへと移りました。二〇〇〇年にハーフィズが亡くなったとき、バッシャールはまだ、シリアの憲法で定められている、「大統領となるには少なくとも四〇歳に達していなければならない」という規定に六年も及びませんでした。シリア議会は直ちにその条項を修正し、唯一の候補者としてバアス党に指名されたバッシャールは、国民投票で有権者の九九・七％の賛成によって大統領に選出されました。

シリア人の多くは、自身を若くて近代的な改革者であると称する新たな国家元首を歓迎しました。前例のないこの新たな政治体制の始まりは〝ダマスカスの春〟として知られるようになり、市民は議論のためのフォーラムを組織し、より進歩的な自由と法体制を政府に歎願しました。結局のところ、政府はそれらの変化を受け入れる準備ができていなかったのですが、その後再び厳しい弾圧が始まるまでは、旧体制下に存在していた恐怖の壁は崩れ去ったかのように見えました。少なくとも、活動家に対する逮捕や裁判、組織の強制的な閉鎖、恣意的な印象操作などは、一時的に影を潜めたのです。

その間に行われた新自由主義的な経済改革は、新たな物資の流入と、商業的可能性へと国を開きました。都会に暮らす中流階級や富裕層の多くは、その新たに手に入れた快適な生活を喜んで受け入れました。しかし、政治的熟慮や独立した司法機関による監督なしに解き放たれた民営化や貿易の自由化は、かつてないほど腐敗を蔓延させることになったのです。新たに出現した縁故資本主義による資本家たちの急先鋒となったのは、有り余るほどの資本を持っていたアサド大統領の親族たちでした。権力と富が、より少数のエリートに集中するにつれ、政権はこれまでの支持基盤であった労働者階級を見限るようになっていきました。インフレや失業、老朽化する公共設備、補助金や社会サービスの削減により、貧困や不均衡の割合は加速度的に上昇していきました。地方を重視せずに放置したことにより、都会から離れた地域の貧困は極度に悪化しました。特に二〇〇六年から一〇年にかけて、旱魃と、政府の対応の不備により、シリア北東部と南部は、ひどい窮乏状態に陥りました。

経済的絶望感と渇望感は、特に全人口の半数以上を占める、二四歳以下の若者たちの世代で深刻なものでした。その大部分は、社会に蔓延る縁故主義や差別による壁に阻まれ、仕事を見つけることのできない大学卒業生たちでした。沸騰した不満はついに、二〇〇四年、路上で爆発することになります。クルド人が多数派を占めるカーミシュリーで、サッカーの試合の最中に叫ばれた反抗的なスローガンは、クルド人の民衆蜂起へと発展していきました。群衆は暴徒化し、政府軍は戦車やヘリ、何千もの部隊を展開し、鎮圧までに何十人もの市民を殺害しました。

バッシャール・アル＝アサドが権力の座についてから一〇年経過しましたが、彼は個人的には支持を維持していました。しかし多くのシリア人は、アサド統治下での生活は悪化の一途をたどっていると感じていました。自由の拡大や公正な法の支配、政府の責任、経済的な不公平に対して声を上げる人はほとんどいませんでした。多くの人にとって、大抵の場合、自由を夢見ることは馬鹿げたことでしかなく、そのために闘うなどということは、あまりにも無謀なことだったのです。

第Ⅲ部ではシリア革命の始まりを詳細に見ていきます。それは、権威主義体制の下にありながらも多くの市民がデモに参加した、他の中東地域の国々への羨望から始まりました。二〇一〇年一二月、チュニジアの地方都市で抗議の焼身自殺が起こりました。それは民衆の抗議活動に火を着けましたが、同国の治安部隊は武力をもってそれを鎮圧しました。憤慨した市民は全国各地で抗議行動を行い、翌二〇一一年の一月中旬には、その憎悪の対象となったベン・アリー大統領は国からの逃亡を余儀なくされました。次いで、エジプトの市民が立ち上がり、路上へと出てきました。警察による暴力にも屈しない群衆のデモは一八日間にも及び、長期にわたって政権を維持してきたホスニー・ムバラク大統領を辞任へと追い込んだのです。

〝アラブの春〟として知られることとなったこの運動は、イエメン、バーレーン、そしてリビアやその他の国々まで広がっていきました。その出来事を静観していた人々は、〝沈黙の王国〟と言われるシリアだけは、その地域的な潮流に呑まれることはないと信じていました。しかし一般的なシリア人の多くは、かつては想像もできなかった、市民の力を示す信じられない出来事に高揚し、その一部の人々は、様々な方法で政治への異議を表明し始めました。このような状況を背景に、ダマスカス旧市街のハリーカ・マーケットでは、市民の自発的な抗議活動が発生しました。人々はエジプト大使館とリビア大使館の前で夜通しデモを行い、それらの国で起きている革命への連帯を示すという驚くべき行動に出たのです。国を追放されたシリア人たちは、三月一五日に全国規模の抗議活動を行うようにと、インターネットを通じて国民に呼びかけました。それによって、ダマスカスやその他の地域で小規模なデモが目撃されましたが、それらはすぐに武装した当局によって鎮圧されました。

その一方で、ヨルダン国境に接するダラー市では、政権を批判する落書きが学校の壁に見つかったことにより、治安部隊が子どもたちを逮捕するという事件が起こりました。子どもたちの親族が、地方当局に子どもたちの釈放を懇願しましたが、悪名高い地方警察署長は、彼らを下品な言葉で罵って追い返し、コミュニティ全体の怒りに油を注ぎました。翌日に行われた抗議の行進では、治安部隊がふたりの丸腰の市民を殺害したことにより、デモの参加者は物凄い数に膨れ上がりました。その後に執り行われた葬儀はさらに大人数が参加したデモとなり、続くデモはより多くの葬儀を招く結果となりました。抗議参加者たちはその様子を携帯電話で動画に記録し、インターネットを通じ、衛星ニュースチャンネルや、世界各地にいるシリア人の元へと配信しました。

ダラーで抗議活動が始まってから一週間後、その波はシリア全土に広がり、数万人がデモに参加する事態となりました。政権は武力をもって集会を鎮圧しながら、様々な融和政策を提案しましたが、それは民衆のより強い怒りと決意を呼び起こすだけでした。広範囲に及ぶ抗議活動は、この歴史的な瞬間が、変わりゆく激動の中で自分自身の可能性に気づいた人々や国にとって、いったいどのような意味を持つものなのかということを明確に示していました。シリア人たちは、恐怖という壁を打ち破ったのです。

第Ⅳ部では、抗議を鎮圧しようとする政権の努力と、それに抗い活動を継続しようと奮闘する市民の様子を詳しく見ていきます。アサド大統領の声明が初めてテレビで放映されるまでの一二日間に、六一人もの犠牲者が出ていました。もしアサド大統領が、この惨事に後悔を示し、意味のある社会変革の方向性を示したのであれば、彼がシリアの指導者であることを支持したであろうと多くの市民は言います。しかしその代わりにアサド大統領は、武器を持たないデモ参加者を、テロリストや、壊滅すべき反逆者だと罵り、それはより多くの市民を路上でのデモへと促すことになりました。民衆蜂起は膨れ上がり、改革のための要求は、政権の転覆を望むところまでエスカレートしていきました。

アメリカ、欧州連合（EU）、アラブ連盟はシリア政府に制裁を科し、最終的にはアサドの辞任を求めました。その圧力に屈したシリア政府は、改革を求める人々との公式な対話の場を開き、議会選挙を行い、さらには人々に忌み嫌われていた非常事態法を廃止するという行動に出ました。ところがそれと同時に政権は、新たなテロ対策法を隠れ蓑に、デモに参加したとか、活動家の街として知られる土地の出身であるという理由で、もしくは全く理由もなく、何万もの人々を不当に逮捕しました。そして拘束された人々に対する大規模な拷問が始まりました。政権は人々に恐怖を植え付けることをもくろむ目的に、異常なほどやせ衰えた囚人や、手足を切断された遺体を故郷に送り返しました。ホムスの時計台広場で平和的に行われていた夜通しのデモで起きた殺戮や、ダラーの少年に対する残忍な拷問といった血なまぐさい行為は、当時政権支持者が壁に書き残した言葉が現実に起こり得ることを示す象徴的な出来事となりました。壁には、「アサドに従うか、我々に焼き払われるか、市民はどちらかを選ぶがいい」と書かれていました。政権が恐怖による支配を再び行う準備ができていることは明らかでした。

ひとつひとつの家庭に恐怖を植え付けるために、治安部隊は身の毛のよだつような方法で市民の家を襲撃しました。彼らは真夜中にドアをぶち破り、殺人や強姦を行い、好き放題に略奪し、破壊しました。路上で抗議を行う人々は、シャビーハ〔バアス党を支えるアラウィー派の武装組織〕と呼ばれる武装した政権支持者たちによって殴られ、銃撃されました。こういった手段でも人々が屈服しない場合、政権はその反抗的なコミュニティに対して軍隊や戦車を派遣しました。スナイパーを街中に配置することで市民に外出禁止令を強制し、軍隊は食料や公共設備へのアクセスを切断し、盗難、放火、略式処刑を繰り返しました。独立した人権調査機関は、政権の行為は人間性に反した犯罪であると判断しました。

シリア人たちは革命を推し進めるための組織をつくり、アサド政権に抵抗しました。市民ジャーナリストたちはカメラを手に、市民のデモや政権による暴力を記録しました。活動家たちは集い、タンシーキヤット(tanseeqiyat)と称される非公式グループや調整委員会を設立しました。彼らは逮捕の危険を避けるために地下で活動しながら、全国に散らばる何百もの調整委員会を通じて抗議活動を主導しました。政府軍に包囲された地域を救済する組織をつくり、怪我人に医薬品を配りました。その他無数に立ちはだかる困難に、その都度挑んでいきました。様々な地位や職業の人々をまとめることによって為されたこれらの草の根の努力は、権威主義国家によってつくられた階級制度や、社会の細分化、不信を打ち砕き、それらを市民活動や市民の政治参加、社会的連帯に基づく民主的な社会に置き換えるという革命の大望を体現していました。

シリア紛争の核は、アサド政権に抗う人々と、政権を維持したい人々、もしくは革命が為されたら社会はより悪くなると恐れる人々の間で起きた闘争でした。しかしこの政治的な分裂は、他の経済的、社会的分断と重なり合っていました。この反乱の支持基盤となったのは、都市部、そして農村部の労働者階級の人々でした。裕福な人々、特にダマスカスとアレッポという二大都市に住む富裕層の人々は、どっちつかずの曖昧な態度を取り続けていました。相反するどちらの側にも、あらゆる宗教や民族のバックグラウンドを持つシリア人を見つけることができましたが、対立はますますその宗派や派閥の色彩を濃くしていきました。国の多数派を占めるスンニ派の人々は、この革命を、差別や権力の濫用による不利益を是正し、自由を獲得するための解放闘争であると見なす傾向がありました。少数派コミュニティの人々は、その革命が自分たちの存在そのものを脅かすものではないかと恐れていました。政権によるプロパガンダやメディアは、この革命は世俗的、多文化的なシリアをイスラム国家に置き換えようとする保守的なアラブ湾岸諸国によって扇動されているのだと非難し始め、積極的に恐怖を煽りました。

度重なる血なまぐさい事件は様々な憶測を呼び、宗派や派閥の溝を深めていきました。治安部隊のリーダーやシャビーハの多くがアラウィー派であるという事実は、スンニ派の人々からすると、アラウィー派全体が弾圧に関わっているかのように見えました。反対に、一般のアラウィー派の人々は、そう見られることによって、多数派に復讐されるのではないかという恐怖をいっそう募らせていったのです。それぞれのコミュニティに属する人々は、いかに政権が犯罪的であり、腐敗によって個々人が尊重されていないにしても、各々の安全はアサド大統領の統治に依存していると確信するようになっていきました。時間が経つごとに、あらゆる集団が各派の差異に根差した残虐行為を行うようになり、そしてまた誰もが、その犠牲者になっていきました。

第V部では、反乱を起こした人々の武装化について考察します。二〇一一年三月から九月にかけて、抵抗運動による死者は二〇〇〇人を超えましたが、市民は驚異的なほど非暴力を貫いていました。しかし最終的には、市民と、政府軍から離反した兵士たちが武器を手にすることとなりました。当初彼らは、デモ参加者やコミュニティの安全を守ることに専念していましたが、その後、自由シリア軍（FSA）の旗の下に、政権の軍事拠点を目標に攻撃を開始したのです。しかしながら既存のネットワークやインフラが欠如しており、自由シリア軍は、自律的な数百の部隊を抱える組織としては、余りにも統制の取れていない軍事組織でした。その最高評議会はトルコに本部を構えましたが、全体を指揮することも、統制することもできないということを露呈するだけでした。その後、シリア国民評議会、次いでシリア国民連合という、現政権に反対する政治団体が国外で結成されましたが、それらも同様に、より大きな解放闘争を主導するほどのリーダーシップを発揮することはできませんでした。

国のあちこちで、徐々に反政府勢力が政権軍を彼らの領域から追い出していきました。政権はこれらの地域に対し、砲撃、ミサイル、空軍による爆撃、そして焦土作戦を用いて反撃しました。反政府勢力がシリア第三の都市、ホムスの大部分の支配権を奪ったとき、政権は無差別爆撃による激しい報復攻撃を行いました。最終的に旧市街地で包囲されてしまった兵士や数千の市民は、政府と撤退の合意に至るまでの二年間、食料も薬も無い中、取り残されたままだったのです。

自由シリア軍の他にも、様々な反政府勢力が勃興してきました。その多くはイスラム主義的イデオロギーを志向する集団でした。二〇一二年一月には、アルカイダと密接な関係にあるヌスラ戦線が旗揚げしました。その出現の背景には二〇〇〇年代中頃の出来事が関係しています。当時アサド政権は、イスラム主義戦闘員たちが、シリアを通じ、アメリカ軍と戦うためにイラクへ流れ込むことを促進していました。しかしその後、そういった戦闘員たちが自らの政権も敵視していることを知ると、彼らがシリアに戻ってくる機会を狙い次々と逮捕したのです。その後市民革命が起きると、当時まだ民衆が平和的な抗議活動を行っていたにもかかわらず、アサド大統領はイスラム主義戦闘員に恩赦を与えて解き放ち、狡猾にも、抗議活動を行う市民をテロリストだと吹聴し、これはテロとの戦いであるという体制の主張を正当化しました。二〇一三年四月には、アルカイダと関係のあった別の集団が、さらに急進的な武装組織、ＩＳＩＳ（いわゆる「イスラム国」）の結成を公表しました。ヌスラ戦線とＩＳＩＳは、どちらも潤沢な資金を持ち、軍事訓練を行い、そして多くの外国人兵士が所属しており、自由シリア軍と比較しても、その存在感を急速に増大させていきました。

監視団の派遣や停戦計画、和平プロセスといった一連の国際社会の介入は、このおぞましい内戦の終結を試みたものでしたが、効果はありませんでした。西側諸国はアサド政権を非難しましたが、反政府勢力が政府の攻撃から市民を守るために懇願した対空兵器を供給したり、飛行禁止区域を設定したりすることはありませんでした。アメリカ、サウジアラビア、カタール、トルコ、およびその他の国々や民間の資本が、様々な反政府勢力の財源となり流れ込みましたが、それぞれ違った経路から異なる仲介人を通じて流入したので、反政府勢力同士の利権争いを煽ることとなりました。シリア革命に懐疑的な人々は、その細分化され、統制の取れていない現状を批判し、より深刻な分断を避けるためにもこれ以上の援助は差し控えた方がいいと強調しました。抵抗運動を続ける人々は、政権や社会の腐敗だけではなく、こういった国外から流入する資金や物資の分配における混乱こそが、内部分裂を生む最大の要因であると主張しました。

アサド政権は、より明白な支援を国外から受けていました。イラン、ロシア、イラク、そしてレバノンのヒズボッラー（レバノンを中心に活動するシーア派武装組織）は、アサド政権に資金や武器、戦闘員を供給するだけでなく、ついには反政府勢力への空爆を行いました。これらの支援は体制を強化するうえで極めて重要であっただけではなく、如何にシリア戦争がこの地域一帯を広範囲に巻き込んだものなのかということを劇的に示していました。

第Ⅵ部では、この複雑に絡まり合った凄惨な戦争の中で生きる、一般の人々の経験を詳しく見ていきます。二〇一三年の夏までに、反政府勢力は国土の六〇％から政府軍を締め出し、シリアの北部と西部地域に支配権を確立しました。反政府勢力が、シリア最大の都市であり、経済的な首都でもあるアレッポに攻撃を開始したとき、凄まじい戦いが起こりました。両者の軍事作戦は、政権統治下に置かれている街の西部と、反政府勢力の統治下にあった東部の貧困地域との間で膠着状態に陥りました。

反政府勢力が政権から解放したと見なしていたこれらの地域では、民間人や兵士たちが、社会統治や公共サービスの提供のために地方議会を設立しました。アレッポでは住民たちによって、街の代表が選出されました。人々は、あらゆるところで様々な困難に直面しました。電気や水、食料の不足、圧倒的に壊滅した市街地、荒廃した経済、反政府勢力同士の抗争、そしてその地域で唯一制空権を握っていたアサド政権と、その同盟勢力による砲撃や爆撃に苦しんでいました。ミサイルの破片から公園の遊具をつくったり、瓦礫に埋もれた人々を救出するレスキューチームを結成したり、休戦が提示された束の間の平和時に新たにデモを計画したりといった、そんな苛酷な状況であるにもかかわらず、人々は苦境を乗り越える力を奮い立たせました。政府の統治下で暮らす人々もまた固く結束し、隣接する反政府勢力側から無差別に飛んでくる迫撃砲によって亡くなった人々の埋葬などに奔走しました。

民間人が最大の犠牲者となるこのような戦争では、その恐怖は様々な形で市民に襲いかかります。ＩＳＩＳは占領した地域で恐ろしいほど残忍な統治を行い、女性や少女を強姦し、子ども兵を徴用し、公共の場で斬首を行うといった身の毛のよだつ方法で殺人を犯していきました。アサド政権の手による犠牲者の数はそれを上回るものでした。殺戮の最大の兵器となったのは〝樽爆弾〟でした。その爆弾は、石油用のドラム缶やガスタンクの中に爆発物と金属片を詰め込んだもので、それらが学校や病院、商店街、住宅街の頭上に降り注いだのです。また政府軍は、特定地域を完全に包囲することで食料の供給を遮断し、住民に餓死か降伏を強いる作戦を強行しました。ダマスカス近郊のヤルムーク・パレスチナ難民キャンプからは、そこで何が起こっているのかを伝える衝撃的な写真が届きました。それは、政府の気まぐれな許可で活動を左右されている国連が、包囲された地域へ入ることを許されたときに撮影した貴重な写真です。そこには亡霊のような男性、女性、子どもたちの食料配給を待つ列が、目に映る限りどこまでも続いていたのです。

二〇一三年八月には、さらに深刻な戦争犯罪が歴史に刻まれることとなりました。化学兵器を搭載したロケット弾が、ダマスカス郊外のグータ地区で炸裂し、子ども四〇〇人を含む一四〇〇人が命を奪われたのです。専門家たちは、この攻撃はアサド政権によるものだと主張しました。これを受けてアメリカは、化学兵器の使用はもはや許容できるものではないという声明を発し、シリアの人々は国際社会の本格的な介入に希望を抱きました。しかし二〇一四年の夏、市民が爆撃に晒される中、ついにアメリカが派遣した戦闘機の攻撃目標は、アサド政権ではなくＩＳＩＳだったのです。国連の調査によると、二〇一五年三月までに、全国民の六％が死亡ないし負傷し、八〇％が貧困にあえぎ、ほとんどの子どもたちは学校に通えていないということです。八三％の街の灯りが消失し、衛星から映されたシリアは文字通り「闇に沈んで」いました。

第Ⅶ部では避難場所を求めて近隣諸国や遠方に逃れたシリア人の姿を追います。二〇一一年以来、二〇一七年初頭の時点で、戦前の人口である二二〇〇万人の半分以上が故郷を離れることを余儀なくされています。推定では七〇〇万人が国内避難民となり、四九〇万人がシリアの周辺諸国へ、そして約一〇〇万人が亡命先を求めヨーロッパへと避難したと見られています。

多くのシリア人が、国を離れる前に国内で何度も住まいを移しました。国外へ逃れるという決断は、大抵の場合非常に辛いものでした。人々は生涯をかけて稼いだ貯金を費やした家や、数々の思い出の宝庫である故郷を捨てて出て行ったのです。多くの場合彼らは、親族やともに暮らしていた家族を置いていかざるを得ませんでした。

シリア難民たちが初めに立ち寄る国は、ほとんどの場合シリアの近隣諸国でした。多くのシリア人は亡命認定や永住権獲得の機会を得られず、彼らは先の見えない不安定な生活を続けていました。一五〇〇万人のシリア人の子どものうち、推定でその約半数が学校に通えていませんでした。ほんのわずかな難民しか合法的な労働許可を得ることができず、非公式な仕事を見つけることのできた幸運な人々も、大抵は地元の人々にはとても我慢できない悪条件や低賃金に耐えていました。母親や子どもを含むその他の人々は、路上で物乞いをしたり、日用品やお菓子などを売ったりすることで生活していくしかありませんでした。

難民となった人々が尊厳のある生活を築くのに苦労したように、受入諸国は難民の流入という重荷に苦しんでいました。夏には砂嵐が、冬には洪水が発生しやすい砂漠に無計画につくられたヨルダンのザータリ難民キャンプは、同国で四番目に大きな街となりました。レバノンではその人口の約四分の一をシリア難民が占めています。公式な難民キャンプのない場所では、何十万人もの人々が、荒れ果てた非公式居住区でみすぼらしい小屋や土地を借りて暮らしています。トルコでは「一時的な保護」と称して、国内の収入を増やす堅実なチャンスとも捉えながら、シリア難民の受け入れを三〇〇万人まで拡大し他国を牽引しました。それでも、法的保護や教育の機会を得るための将来的な見通しは全く不十分なままでした。

毎日、帰国しても安全かどうかといったニュースを待ちながら、国境のそばで一年、二年と過ごす日々は、難民となった人々の被っている苦痛のひとつでした。しかしその期間が延びるにつれて、また、難民に対する国際的な支援が需要に遥かに及ばないこともあり、多くの人々はより長期的な代替案を求めるようになりました。通常シリア人は、ヨーロッパや北米諸国で亡命を申請することが可能です。問題はそこにたどり着くことでした。少数の幸運な者は、移住のためのビザを得ることができました。密入国業者に支払えるだけの資産を用意できたり、機知に富む人々は、安全に望む場所へたどり着くことができましたが、そうした人々は全体の四分の一程度でした。裕福な人々は、法外な値段を支払って、偽造パスポートや偽造ビザを入手し、空路でヨーロッパへと逃れることができました。その他の、すでに資金を使い果たしてしまった人々は、財産を売却するか、あちこちからお金を借りるなどして密入国業者にお金を払い、ボートで地中海を渡りました。

当初考えられた選択肢は、エジプトかリビアからイタリアへ渡るという、長くて困難な旅でした。その後二〇一五年にマケドニアが、難民たちがギリシャからバルカン半島を通り、西ヨーロッパや北ヨーロッパへと抜けることのできるよう、難民の通過に関する制限を解除しました。陸路でヨーロッパへ逃れることが可能となったことにより、多くの難民たちは、トルコからギリシャへボートで渡るという、今までよりも短く安全で、かつ安価な道を選ぶようになりました。その結果、一〇億ドル規模の密入国産業が出現しました。彼らは絶望の淵にいる難民たちを、ガラクタ同然の船や、ゴムボートに詰め込むことで利益を最大化しました。何千人もの人々がその途中、海で命を落としました。オーストリアの路上で、七一人がトラックの中で窒息していたのが発見されたように、陸路でヨーロッパを目指す難民の中にも、その途中で命を落とす人々がいました。

そういった背景を考えると、二〇一五年に記録された、ヨーロッパへたどり着くことのできた一三〇万人の移民や難民たちは、ある意味幸運な人々だったと言えるでしょう。世界中から多くの難民がヨーロッパを目指す中、その内の約三〇%がシリア人でした。難民たちは徒歩、バス、車、そして電車でヨーロッパ中を移動しました。彼らは何週間も路上で眠り、雨に打たれながら歩き、赤ちゃんを抱えながら、犯罪や逮捕の危険性を避けながら移動を続けました。アンゲラ・メルケル首相はドイツの国境を開放し、さらに、「難民は彼らが最初に到着したEU加盟国に留まらなければならない」というダブリン規約〔現在のダブリンⅢは、EU加盟国二八カ国に、ノルウェー等の四カ国を加えた三二カ国で適用されている〕の条項を、シリア人に対しては一時的に適用を停止するという判断を下しました。そのことに後押しされ、三分の一を超えるシリアからの移民、難民たちがドイツを目指すこととなりました。同じくスウェーデンも、その寛容な難民庇護政策により、難民たちの目指す第二の目的地となり、ピーク時には毎週一万人もの人々がやってきました。

多くのシリア人にとって、ヨーロッパで新たな生活を始めることは、度重なる悪夢の三度目のものでした。戦争という悪夢の後には、命がけの旅という過酷な現実が続きました。しかしその旅のトラウマよりも深く刻み込まれたのは、希望を持ってヨーロッパにたどり着いたというのに、全くの期待外れだったというトラウマだったのです。ヨーロッパの新聞は、異なる文化や宗教を持った人々を新たに社会に統合することへの恐怖に満ちていましたが、ほとんどの難民は法的、経済的な締め付けにより、生きていくのもやっとの状態でした。多くの難民たちにとって、ただ待ち続ける以外の選択肢はなかったのです。難民たちは、居住許可証や、途方に暮れるほど複雑な役所の文書が処理されるのを待ち続けました。人里離れた森の中にある、かつての恐ろしい収容所や、現在は使われていないベルリンの空港の格納庫といった、様々な環境の難民シェルターから出られる日を待ち続けました。仕事を探すために必要な、新たな言語を身に着けるまでの時間を耐え忍び、大陸のあちこちに散らばった家族との再会や、故郷から何か良い知らせが届くことを待ち続けました。

二〇一六年までにヨーロッパの国々はほぼ国境を閉鎖し、約六万人もの難民たちはギリシャで立往生することとなりました。避難先を見つけることができるのか、それとも国外追放となってしまうのか、全く見通しの立たない状況に取り残されてしまったのです。シリアに隣接する、ヨーロッパよりも貧しい国々はその負荷に耐え切れず、何万人もの難民が国境を挟んだシリア側で衰弱し、飢餓状態に陥っていても、その入国を厳しく制限することで対処しました。二〇一六年八月、アメリカが一万人目のシリア難民を受け入れたとき、世界では第二次世界大戦以来最悪の難民危機が起こっていたというう、そのような状況だったのです。

第Ⅷ部は、この激動の出来事を理解しようともがく人々の証言で本書を締めくくります。アサド政権を支持する人々や、シリアに残っている人々は、もしかしたら違った考えを提示するかもしれません。ここで紡がれる声は、変化を切望した人々にとって、このシリアの民衆蜂起がいったいどのような人類的意義を持っていたかということに光を当てます。誇りや罪悪感、悲しみや勇気、そして希望をない交ぜにした彼らの悲痛な言葉は、もし私たち自身が同じような革命や戦争、亡命を経験することになったらどうするだろうかと考えさせます。もしシリアの人々の声にもっと早く耳を傾けていれば、何かが違ったのではないかと考えずにはいられません。しかしそれでも、その声に耳を澄ますのに遅すぎるということはないのです。

# 日本語版への序文

八年以上前から、シリアに関する情報はニュースのヘッドラインを賑わしては過ぎ去っていきました。シリアから遠く離れて暮らす私たちにとって、その戦争は、かつてないほどの惨状になったときか、同じ国籍の人々が何らかの形で戦禍に巻き込まれたときぐらいしか意識に上りません。つまり私たちは、五〇万人以上の命が失われ、人口の半数が強制的に国外へ避難せざるを得なくなり、数十万人が国内で行方不明になっているという、情け容赦のない悲痛な状況や、言葉にならない恐怖の一切を無視しているのです。

この残酷な戦争が、権威主義政権に対する民衆蜂起として始まったことは往々にして忘れられがちです。この本は私たちをその始まりへと連れ戻すものです。様々な人生を歩んだシリア人たちのリアルな声は、初期のまだ形の定まらない、しかし勇敢な抗議活動や、そういった人々を排除しようとする残忍な弾圧、そして今日も続く戦争へと発展していくことになる衝突を通して語られます。この本は、シリアや中東についての予備知識がない人々に読んでいただくことを前提としています。読者に求められるのは、心を開き、自分自身に対し、普遍的な人間性とは何かと問い続けることです。例えば、もしあなたが同じ状況にいたら何をしたでしょうか？　自分や周囲の人々の自由のために、自分の命を危険に晒す勇気があったでしょうか。どうすれば難民として新たな人生を歩んでいけるのでしょう？　そして、自分の国の苦境に対して、あなたは世界の人々に何を求めるでしょうか。

日本は、困難の中にある人々に対して共感することのできる基盤を持った国だと思います。たとえ現在、戦争を直接経験した世代がわずかしか残されていないとしても、国に刻み込まれた戦争の記憶を継承しています。その歴史を受け継ぐ人々は、戦争によるトラウマは簡単に消えないということを、しかしその負の遺産はまた、共感の礎となるものだということを知っています。それは、遠く中東で起きていることなど「私たちの問題ではない」、「私たちには何もできない」という懐疑論者に立ち向かうための強力なツールとなるものです。今日の日本のような、平和な日常を生きる幸運な人々には、戦禍に生きる人々を忘却の彼方に追いやる特権があるかもしれません。しかし戦争の記憶を受け継ぐ人々は、そういった関心の薄い人々の注意を喚起する役割を与えられているのです。

現在シリア情勢については、すでに戦争は収束に向かっていると、前にも増して言われています。バッシャール・アル＝アサド大統領の政権は、主にロシアによる空爆のおかげで、一度は支配権を失った地域を再び手中に収めています。ロシアや、アメリカの主導する有志連合によるＩＳＩＳへの空爆は、確かに彼らを弱体化させています。しかしＩＳＩＳは未だに武力攻撃を繰り返しており、再興する可能性も残されています。その一方で、地政学的な状況は万華鏡のように変わり続けています。ロシア、トルコ、そしてイランは、シリアで繰り広げられる出来事の主要なプレイヤーとして、国内で活動を続ける武装勢力の指揮、支援を通して主導権を争っています。

このような状況の中、シリア国内での暴力的な惨事は、それまでの数年間に比べ減少しています。しかしながら自由を求めるシリア人たちの戦いは終わったわけではありません。それは、政府の刑務所で苦しんでいる「良心の囚人」〔アムネスティ・インターナショナルが提唱している概念で、暴力を行使することなく、信念や信仰、人種、発言内容、あるいは性的指向を理由として囚われている人々〕たちや、彼らが生きているのか死んでいるのかもわからずに待ち続ける家族の揺るぎない態度のうちに続いています。それは、毎日一二時間働きながら、いつか学校へ戻れることを忍耐強く願い続ける避難民の子どもたちの中で続いています。それは、市民の政治参加と表現の自由を基礎とした新たな社会を築くために、驚くほど多くの創造的な仕事に従事する活動家や芸術家たちの間で続いています。そして何よりもその戦いは、より良いシリアへの希望を持ち続け、日常を取り戻そうと日々を生きる人々の中で続いているのです。

日本の人々が、シリアの人々の希望と連帯してできることはたくさんあります。現地での慈善活動、特にシリア人自身によって率いられている人道支援団体へ寄付することもそのひとつです。シリアの人々のつくった映画について語ったり、講演者を迎えたり、難民を支援するために、率先して地域の人々と集まる機会を設けることもできます。個々のシリア人の苦しみについてだけではなく、その苦しみの元となる政治的な要因、その両面に注意深く耳を傾けながら批判的にニュースを見るための知識を得ることで、シリアの戦争について、より深く学ぶことができるでしょう。日本の政治家の行いについて疑問を持つことも大切です。戦争行為に加担する党に所属しながら、シリア情勢への中立を唱えることで、実際には党を擁護している政治家の行動には注意を払いましょう。シリアの草の根的な民衆蜂起を無視して、帝国主義について声高に語るメディアや、シリアでの戦争を、イラク戦争のような全く異なる他の事例と同一視するような専門家へは疑問を投げかけることもできます。シリアの現状をより深く理解するために、日本の人々は家から遠く離れた地へ行く必要があるわけではありません。厳しい日々を生き抜き、世界の人々へ現実を伝えようとするシリアの人々の声は、様々な作品を通して触れることができます。

さらに、有権者や納税者としての日本国民には、シリア人の生活を保護する政策を採択するよう、その代表者である国会議員に働きかけ、国民の意志を尊重するように声を上げることができます。こうした政策立案におけるいくつかの分野は今日も重要な位置を占めています。第一に日本の市民は、この紛争に関わる多くの国々との外交関係において、その影響力を行使し、その同盟諸国に、紛争の最中にある人々の生活を尊重し、危険から守るよう要求することができます。シリアの反政府勢力の支配する地域は寸断されており、その最後の支配地域であるイドリブ県では、依然として苛酷な状況が続いています。そこには三〇〇万人の市民が暮らしていましたが、その約半数が強制的に他の地域へと追い立てられました。日本や、世界の他の大国は、イドリブ県や他の地域が、シリア各地で起きたような虐殺に晒されることのないよう、油断なく警戒を続けなければいけません。

第二に、いくつかの国がダマスカスで大使館を再開している今、日本は法治国家として、戦争犯罪を正当化するそのような動きに抗うべきです。そこに関与せず、正義を犠牲にして日本の安定を優先すべきではありません。さらに日本はシリア政府に、政治犯を釈放し、政府の管理下で失踪した数万人の行方についての情報を開示するよう、圧力をかけるべきです。他にも、戦争犯罪、および人道に反する行為に関わったシリア政府の高官に対し、国際的な司法、裁判権を活用し、調査を行い、有罪を宣告しようと努力しているヨーロッパ諸国の活動を支援することもできます。政権の刑務所で拷問された痩せこけた遺体の写真から、政治指導者たちの名を挙げてその犯罪を証明する文書まで、シリア人たちの死はおびただしい量の虐殺の証拠を蓄積してきました。国際社会はこの凶悪な犯罪を防ぐことはできませんでしたが、加害者に責任を問うのに遅すぎるということはありません。

第三に、シリアの驚異的な人道危機は、全ての国が可能な限り最大限の支援をすることを求めています。二〇一九年初頭の時点で、シリア国内に留まる一二〇〇万人近くの人々が人道支援を必要としています。六二〇万人の国内避難民と、シリア国境に隣接する国々に身を寄せる五六〇万人のシリア人が、身の安全と、現状を脱する機会を切望しています。現在、それらの人々は辛うじて生きながらえているという状況です。何万人もの人々が、致命的な感染症を媒介する汚染された水しか手に入らず、子どもたちが凍え死ぬような冬の寒さの中、テントの集落で暮らしています。同時に、そういった国境に接する国々の間では、難民たちをシリアに押し戻そうとする動きが強まっています。現在シリアに帰国することは決して安全ではありません。シリアに帰国した人の中には、逮捕されたり、命を奪われたりする人々が出てきています。すでにこのような大惨事に直面しているのですが、日本はそれでも可能な限りの支援をするべきです。その中には難民の受け入れを検討することも含まれるでしょう。日本は国連の行う人道支援への寛大な資金援助を続けることができますが、これらの資金の使い道に対して、より厳しい監視を要求すべきです。国連の援助プログラムが、アサド大統領の家族や親しい人々との契約を交わすために数千万ドルを支払い、それが体制の強化に貢献したことは、現在はっきりと証明されています。日本国民には、その人道支援のための寄付が、それを最も必要としている人々の元に届き、反対に政治的悪影響に加担することのないよう、その使途を知る権利があります。

第四に、シリアが今後どのように復興していくかという問題に関心が高まるにつれ、シリアは他の国々の中でも、特に日本に支援を求めるようになるのではないかと思います。日本は慎重に歩み寄りながらも、復興支援には、国が責任を果たすことが前提であると主張するべきでしょう。日本はシリア政府が、復興の機会を利用して政権支持者たちの懐を肥やしたり、その特権を利用して、政権に異議を唱える人々を追い出したりしないよう、監視を行うことができます。現在までに政権は、強制的に故郷を逃れざるを得なかった人々の財産を不当に押収し、そのような強奪を拡大させる法律を通過させました。日本は国際的な支援国や支援者の先頭に立ち、不正が蔓延《はびこ》ることや、現政権が保身に走ることに厳しく反対していくべきです。さらには、日本はその歴史から、戦後に真の平和を築くためには、民主的な政治や法の支配、社会正義が必要であることを思い出すでしょう。シリア人もまた、そのような平和を築くのに値する人々なのです。

そして最後に、日本のみなさんは、シリアの人々が八年前に始めたこの闘争が、自由のためのものであったことを見失ってはいけません。この本の中で紡がれる証言のひとつひとつが語るように、シリア人は単に生きることではなく、尊厳を持って生きることを求めているのです。この後に続くページでは、恐ろしい社会システムの内に生まれた個人が、命の危険を冒しながら話してくれたそれぞれの旅路をたどります。今日政府の支配下にある地域や、再び政府の下に取り返された地域では、市民が数えきれないほどの犠牲を出しながら打ち壊そうとした「沈黙の壁」が、再びアサド政権によって人々に課されています。アサド政権はおそらく今後の数年間で、この本に書かれているような人々の声を隠蔽するための、自分たちに都合のいい紛争の歴史を書くことを試みるでしょう。私たちがシリアの人々のためにやらなければいけない、最もささやかなことのひとつは、それらの声に耳を傾け、他の人々もまたその声に耳を傾けるように勧めることでしょう。この本は、そういったことを開始する場所のひとつなのです。

二〇一九年二月

アメリカ合衆国イリノイ州シカゴ
ウェンディ・パールマン

# 目次

・本文中の＊は原注である。
・本文中の※および〔　〕は訳者による補足、注記を示す。

カバーおよび本扉写真＝安田菜津紀撮影

第 I 部

# 権威主義体制

**ファディ**　舞台装置・照明スペシャリスト（ハマ市）

シリア人とは単なる数字に過ぎない。夢見ることは許されていない。

**ウサム**　コンピュータープログラマー（ダマスカス郊外県アルテル）

もし君がシリアから出てきた人と初めて話すことがあるとすれば、同じ言葉を何度も耳にするだろうね。シリア国内には何の問題もない。シリアは素晴らしい国なんだ。経済だってうまいこと回っている……。半年とか、一年経ってからやっと、彼は普通の人間のようにものを言えるようになる。彼が何を考えているか、何を感じているか。そして彼らは小さな声で語り始める。大きな声で話したりはしない。そんな恐ろしいことはできないからね。それから君は、誰かが君の言葉に聴き耳を立てていたり、録音したりしているんじゃないかって、気になり始めるよ。たとえシリアの外でもね。

**ムハンマド**　大学教授（ダマスカス郊外県ジャウバール）

どんな社会でもそうですが、シリアの社会には様々な違いを持った人々が住んでいます。差異があるにもかかわらず、私たちはお互いをシリア人だと認識しています。問題となってきたのは、どのように国をつくり、運営していくかだったのです。

シリアはフランスによって創設されたシリア軍を受け継いでいます。その軍は、国を分割し統治することを目的としてつくられたものでした。彼らは宗教的少数派の人々に、軍隊へ加入するようにと勧めました。少数派の人々は経済的に困窮しており、常に職を欲していたのです。フランスはその状況を利用しようと思いました。彼らを、フランスに敵対する国内多数派のスンニ派と対立するように仕向けたかったのです。その結果、軍は余りにも多くの少数派の人々を引き入れることになりました。

バアス党は汎アラブ主義を掲げてきました。その思想は異なった背景を持つシリアの人々をひとつの集団としてまとめ上げてきましたが、その結果、シリアが本質的には多数の異なった文化や民族によって成り立っている国であるという事実を覆い隠してしまったのです。

ハーフィズ・アル＝アサドはバアス党を利用してきました。彼は軍人で、当時多くの知識人が信じていた、民主主義や政治的多元主義といったリベラルな思想は全く信じていませんでした。彼はアラウィー派を他の誰よりも信用していたのです。もっとも、その後アサドはアラウィー派を自身の権力を脅かすものだとして、その多くを虐殺してしまうのですが。権力をより強固なものとするためには、古くからある関係性を利用するのが現実的だったのです。しかしそれは、最終的にはシリアにより多くの分断を生むこととなりました。

アサドは抜け目のない政治家です。彼はまるでモザイク画のようなシリア国内の多種多様な人々を管理し、繋ぎ合わせ、自身に忠誠を誓わせるシステムを構築したのです。彼は由緒ある都市の商人階級と手を結び、彼らに金儲けをする機会を与えました。それと同時に彼は、労働者や農民といった経済的に恵まれない人々にも、補助金を与えるなど、国の資本からのおこぼれを与えることによってその欲求を満たしました。アサドは伝統的なスンニ派の聖職者※とも同盟を組みました。なぜなら彼は、そういった聖職者が社会の中での宗教的な発言を管理していることを理解していたからです。一九七〇年代後半、ムスリム同胞団は独自のビジョンを掲げ、その実現のために武力を行使し始めました。アサドはムスリム同胞団と闘うために、聖職者たちとの同盟関係を利用しました。その結果、それらの聖職者のうちの何人かは、驚くべきことにアサドと、その後継者である息子の側についたのです。当時そこには政権に反対する左翼の集団もいましたが、アサドはその集団も壊滅させてしまいました。

※神と人間を取り持つ存在という意味での聖職者はイスラムにはいない。ここで想定されているのはウラマーのことと考えられるが、ウラマーは聖職者ではなく知識人と訳されることが多い。しかし日本語的な意味の聖職者（宗教上の職に就いているもの）という意味ではウラマーも当てはまる。

**イサーム**　会計士（アレッポ県の村）

私個人の意見ですが、かつては国民みなが共存していたと思います。しかしそれは抑圧と法の管理によるものであって、本当の共存ではなかったのです。その社会の中では誰かに「あなたはクルド人ですか？」とか、「スンニ派ですか？　それともシーア派ですか？」などと聞くことはできませんでした。それは禁じられていたのです。そんなことをすれば罰金を科せられるか、罰則を受けることになります。

私たちは国内にいる様々な人々についての教育を受けませんでした。なので、そこには本当の統一された国家というものはなかったのです。アラブ人はクルド人の文化について何も知りませんでした。

アラブ人とクルド人は、トルクメンと呼ばれる人々について何も知りませんでした。私たちは、シリアックやアッシリア人と呼ばれる人々がいると耳にすることはありましたが、実際には彼らがどんな人々であり、どんな生活をしているかなど、全く知りませんでした。ドゥルーズ派ですか？　彼らがシリアに住んでいるということはもちろん知っています。けれど、彼らの文化とはどのようなものなのでしょう。彼らは何を望んでいるのでしょう。私たちはみな、見知らぬ者同士の集まりだったのです。閉じられた社会によって成り立つ国家では、人々をまとめるためには武力に依るしかないのです。

**アブドゥルラハマーン**　エンジニア（ハマ市）

あるときハーフィズ・アル＝アサドに対する軍事クーデターが企てられましたが、それは失敗に終わり、首謀者であったムスリム同胞団は、その活動の本拠地であったハマへと逃亡しました。シリア軍は多方面からハマへと侵攻しました。彼らは爆撃を始め、殺戮を開始する地区を見定めました。ある地区では近隣から一三歳以上の男性が集められ、処刑されました。彼らは住民への見せしめのために遺体を放置していきました。

軍は私の祖父母の住んでいる地域にやってきて、四人のおじを連行して行きました。その数日後、今度は私の両親の家の近隣にやってきて、同じように男性を拉致して行きました。私の父は母に、自分はもう二度と帰ってこられないだろうと言い残しました。しかし父の親友が軍の部隊長に電話をかけ、連行された人々の処刑を止めるように歎願しました。なぜなら、連れ去られた人々はみな国家公務員だったのです。「彼らはみな地域のために働く友好的な人々です」と彼は伝えました。それは本当のことでした。私の父はバアス党員だったのです。殺された四人のおじのうちのふたりもバアス党員でした。

こうして父は生き残ることができました。もうひとり、アルコール中毒のおじも生き残ることができました。軍隊が彼の家に押し入ったとき、彼は全裸になり、「アサド万歳！　ハーフィズ万歳！　軍隊万歳！」と叫び続けたのです。

息子たちを連れ去られてしまった祖母はそれから気がおかしくなってしまいました。彼女は息子たちが殺されたことを決して信じませんでした。私の父は人々への聞き込みを続け、彼らの消息を尋ね続けました。父は、靴が山のように積まれている墓地へも行きました。そして単にその死を証明するためだけに、自分の兄弟たちの靴を求めて墓を掘り続けました。そこは辺り一面に血の跡があり、気絶するほどのひどい臭いが漂っていたと父は言います。それでも父は地面を掘って、掘って、掘り続けました。しかし結局何も見つけられませんでした。

**アジザ**　校長（ハマ市）

私はハマの出身です。でも一九八二年当時はハマにいませんでした。私はその後、学校の校長としてハマに戻ってきたのです。人々は私のところにやってきて、それぞれが経験したことを話してくれます。きっとあなたは信じられないでしょう、いかにやつらが市民の財産を盗み、強奪し、そして女性たちを強姦したかを。私の親戚は、紐で結ばれた多数の遺体がオロンテス川に放り込まれるのを目撃したと言います。ある友人は医師でした。そこには怪我をした軍人たちが治療のために運ばれてきました。ひとりの軍人が亡くなり、その所有物を整理していると、彼の服のポケットから大量の金製品が見つかりました。友人はそれらを将校の元に持っていき、正当な所有権を持つものに返還すべきだと伝えました。将校は友人に、「金を遺体に戻しなさい。それらは戦争の戦利品だ」と罵りました。

軍人はまるでゲームのように人々の命を弄《もてあそ》びました。人々は言います。軍隊が界隈にやってくると、その地域の全ての男性を集め、壁に向かって立たせ、撃ち殺してしまうのです。あるとき、処刑命令が遅れ、兵士たちは上官にどうすべきか尋ねたといいます。上官は壁際に立たせた住民たちのズボンを下げさせるように命令し、こう言いました。「もしそいつが丈の短い下着を穿いていたら、そいつは敵じゃないから生かしておけ。だがもし丈の長い下着を穿いていたらそいつはテロリストだ、射殺しろ」。

当時は冬だったため、ほとんどの住民は丈の長い下着を身に着けており、彼らは即座に射殺されました。ひとりだけ、長くも短くもない膝丈の下着を穿いており、兵士は再び上官に指示を仰ぎました。上官は「解放してやれ。そいつはここで見たことをあちこちで言いふらすだろう。それは我々にとっても好都合だ」。こうしてその男性は生き延びたというのです。

**カリーム**　医師（ホムス市）

私は一九八一年に生まれました。当時は多くの人が逮捕され、殺されていた時期です。たとえ家族が逮捕されても、その行方を尋ねることは許されていませんでした。もしそんなことを尋ねれば、尋ねた本人が逮捕されてしまう危険がありました。父親が生きているかどうかすらわからないという友人たちばかりの、そんな世代に私は生まれたのです。

私たちはムスリムで、とても保守的な社会に暮らしていました。キリスト教徒が教会で礼拝するように、私たちは家で祈りを捧げます。しかし人々は秘密裏に祈るしかなかったのです。私は、もし誰かが父に電話をかけてきて、そのとき父が祈りの最中だとしたら、「父は今浴室にいて電話には出られない」と答えなければいけませんでした。もし政権が、誰か祈りを捧げている人物を見つけたら、その人はイスラム主義の傾向があると危険視され、罰金を科せられると人々は言いました。当時私は年端も行かない子どもに過ぎませんでしたが、家族の安全のためには嘘をつくようにと躾けられていたのです。

**イリアス**　歯科医（ハマ県スカルビヤ村）

シリアは、表面上は安定した国に見えました。でもこれは私の意見ですが、それは本当の安定ではなかったのです。この国は恐怖の国でした。全ての国民は怯えていました。政権や、関係当局ですらみな怯えていたのです。責任ある地位に就けば就くほど、その恐怖も大きくなっていきました。誰も他人を信用していませんでした。兄弟は兄弟を信用せず、子どもたちは父親を信用していませんでした。「何も話すな、壁には耳があるんだ」。もし誰かが普通ではないことを口にしたら、その人物はきっとそれを聞いた人々がどう反応するか試すためにわざとそんなことを言う、政府に雇われた密告者なのではないかと人々は疑い、何が起こるのかと神経をとがらせるのでした。

政権は命令と服従によって成り立っていました。もし市民に何かを与えるなら、それはその人に相応しくないほどのものを与えます。そしてもし市民が罰を受けることがあれば、その人が犯した罪以上の罰が科されるのです。腐敗にまみれた人であればあるほど、容易に政権はその人物を道具とし、どんなことでも行わせることができました。そういった理由を背景に、そんな腐敗した人間こそが、より上の階級へ昇進し、より重要な役職に就くことができました。

どの国家機関も、同じような支配の構造を再生産していきました。県知事や町長といった行政の長は、その区域内で絶対的な権力を持っていました。校長は学校内で絶対の存在です。しかし同時に校長は恐れてもいました。誰を恐れているかですって？　床を掃除する用務員たちをです。なぜなら彼らはみな政府の密告者なのですから。

**フアード　外科医（アレッポ市）**

私は一九八二年に医大を卒業しました。私はとても良い成績を収めており、博士課程に進むことを望んでいました。そのためには国外へ行くしか方法がありませんでした。しかし国外へ行くには治安部隊の許可が必要でした。

ある日私は友人たちとカフェで過ごしていました。すると情報機関から来た男が私たちに近寄ってきて、私と話したいと言いました。バアス党はどの大学の学部にもオフィスを持っており、私はそこに連れて行かれました。

彼は、「我々は君を丁重に扱うつもりだ。たくさんの質問をしたりはしたくない。だから君も我々に協力してほしい。ただ、君が外国に行っている間に何かが起きたら、それを我々に報告してくれればいいだけなんだ」。私は密告者になるつもりはないと言いました。その後、彼らが私の留学申請書類を却下したという知らせを受けました。私の夢のひとつはそこで潰えたのです。

私はそれからの四年間をアレッポの病院で研修医として過ごしました。当時私は、一般外科手術を行うための三つの試験に合格する必要がありました。そのひとつである筆記試験を受け自宅に帰ると、父の顔が恐怖で引きつっていました。政治保安局(Political Security Service)の役人がやってきて、私に出頭するようにと告げていったというのです。

翌朝私は彼らの事務所を訪ねました。私はＩＤを取り上げられ、椅子に座って待ち続けました。延々とただ待ち続けたのです。誰も何も言いませんでした。それが彼らのやり方でした。六時間後、幹部が私に会うと言っていると告げられました。

私が彼の部屋に行くと、その幹部は言いました。

「おめでとう。ひとつ目の試験を合格したようだね。次のテストはいつだね?」

「来週です」

「君はきっとそのテストにも合格するだろう。我々は君を誇りに思うよ。将来はどんな進路を考えているんだい?」

「そうですね、きっと自分の病院を開業するか、どこかの病院に勤めるでしょう」

「それはいい。君は素晴らしい人物だと我々は聞いている。だからこそ、我々は君の協力が必要なんだ」

「どんな仕事ですか?」

「君は医師だからね、政治に関係することではないさ。誰かが君の診察を受けにやってきたとき、君はその患者の様子がどこかおかしいことに気づくかもしれない。君はそれを我々に報告してくれさえすればいい」

「しかしそれは私の仕事ではありません。あなた方のために働く人間は他にもいるでしょう。情報はそういった人々から報告してもらえばいいじゃないですか」

「きちんと教育を受けていない密告者からでは、我々は正しい情報を得られないのだよ。君には患者も友人も、同僚もいる。社交的な催しにだって招かれることだろう……」

「しかし私はそんな人間ではありません」

「なぜ君はこうも頑固なんだ。君の友人の半分は我々のために報告書を書いているんだぞ」

「なるほど、ではなぜ私が必要なのでしょう」

するとと彼は「わかっているだろう、我々は君をもう一週間ここに勾留しておくこともできるんだ」と付け加えました。そこで初めて私は自分が脅迫されているのだと気づきました。彼らがその気になれば、私をここに一〇日間だろうと、何週間だろうと、いや、何カ月だろうとも簡単に勾留し続けられることを私は知っていました。そうなれば私は残りの試験を受けることができません。

私は言いました。「あなた方は私の国外留学の夢を阻みました。多くの人々が許可を得て国外へ旅立ち、いつかシリアに戻ってくると約束しましたが、彼らは永遠に戻って来ないでしょう。私はシリアから逃げなかった。私はこの国で生活を続けたのです。私は民衆のために働くことができます。もしあなた方が私をここに勾留しておきたいというのなら、私にはそれを防ぐ力はありません。しかしそれでも、あなた方や他の誰かのために働く気は微塵もありません」。

彼は硬直し、それからＩＤを私に投げつけました。「出て行け」と彼は言いました。「これでもうお前は政府に関わるどんな仕事も見つけることはできないだろう」。私は去り、その後無事テストに合格しました。

**サラー**　造園設計家（ダラー県ナイマ村）

俺たちの国には政府なんて存在しない。いるのはマフィアだけだ。もしあんたが彼らに逆らうことでも言ったら「おばの家」に追っ払われちまう。これは俺たちのよく使う表現で、誰かが刑務所に連れて行かれることを意味してるんだ。もうそいつのことは忘れるしかない。拷問の挙句、この世から消えちまうんだから。そいつの消息を聞くことは二度とないだろうよ。

**タイシール**　弁護士（ダラー市）

当時私は公務員でした。それと同時に反政権的な政党と人権団体の活動にも携わっていました。私は常に監視されていました。私の家、電話、交友関係、それらは常に見張られていました。一九八七年、私は新しく設立された政党に加入し、同じ年に逮捕されたのです。

私はその後の八年半を刑務所の中で過ごしました。初めの半年は、私の妻は私の行方すら知りませんでした。

シリアの刑務所というのは、地球上で最も恐ろしいところです。理由は単純です。そこでは人間の命に価値なんて無いのですから。私は政治犯の収容される特別な棟に投獄されており、当初から激しい拷問を受けていました。私たちは完全に世界から隔離されていました。

扉が開けられ一日が始まると、私たちは小さな庭へ運動に出ます。そこで私たちは読書や勉強をしました。もし誰かが英語やフランス語を学んだことがあれば、その人はそれを人々に教えます。囚人の中には、多くの異なる職種の人々がいました。医者や弁護士、エンジニア、それはまるで大学のようでした。昼食が終わるとすぐに扉はまた固く閉ざされます。そんな日々が繰り返されました。

そこでは約四〇〇人の囚人が七つの部屋を埋め尽くしていました。健康状態や食事情はひどいものでした。看守たちは囚人を好き勝手に扱いました。特に家族が面会に来るときには。彼らは私たちに面会に来た親族から金品をゆすり取り、差し入れの品を盗みました。

私にとって最も辛かったことのひとつが、息子の幼い頃に側にいられなかったことです。息子は、面会時に金網越しにしか私の姿を見ずに育ちました。会ったところで抱きしめることもできないのは、とても辛いことでした。髪をくしゃっと撫でてあげることも、一粒のキャンディを渡すこともできなかったのです。学校に送って行くこともできなければ、膝の上に乗せることもできませんでした。息子が四歳のとき、足を骨折しギプスをしていました。それでも私は息子にキスをしてあげることもできなかったのです。

こういった些細なことこそ重要なことでした。

兄弟のひとりは私が投獄されている間に亡くなりました。他の親戚も同様に亡くなりました。それでも私は彼らに会いに行くことはできなかったのです。父が病気になったときも病院に連れて行けませんでした。休暇や結婚……それらは繰り返しやってきますが、そこに私はいないのです。映画も、観劇も、身の安全もありません。全ての美しく尊いものを逃し、全ての醜く不快なことを経験しました。八年間、木の一本も見たことがありませんでした。

私の逮捕に関する事件が超法規的な治安裁判所に持ち込まれるまで数年かかりました。裁判官は一五分間で三〇人もの人を裁きました。そこには裁判もなければ、弁護士もいませんでした。特別な罪状もありませんでした。彼らが常に難癖をつけてくることを除けばですが。秘密の組織を立ち上げようとしたとか、政権に対する間違った情報を流した、政権転覆を試みた、根も葉もない噂をばらまいたり出版したり、政府の権威を傷つけたとか、そんなことです。彼らはそういった罪状で私に五年の懲役刑を言い渡しました。しかし私はすでにそれだけの期間を刑務所内で過ごしていたので、その判決は取り下げられました。他の囚人たちと私は、残りの罪状には恩赦を受けることができました。

私は家へと帰りました。不在にしていた期間は決定的なものでした。まるで洞窟の中で暮らす人間が陽光の下に出てきたようなものです。もはや何も見覚えのあるものはありませんでした。故郷は変わりました。幼かった近所の子どもたちは、私が帰宅したときには十代半ばの若者になっていました。私の息子も青年になっていました。

移動の自由は厳しく制限されていました。私の兄弟姉妹は尋問され、同じく遠出は禁止されました。ある人々は、どんなことであれ私と関係することを恐れていました。なぜなら私は、依然として政権に疑いの目を向けられていたからです。何かをしようと思ったら、どんな些細なことであれ、治安局（security agency）から許可を得なければいけませんでした。私の家は監視され、電話も盗聴されていました。私はただ小さな監獄から、大きな監獄へと移っただけだと感じました。

**ガイス**　元大学生、経済学専攻（アレッポ市）

君は二〇歳で、自分の人生の可能性の絶頂にいるとする。しかし君は二年間の強制的な徴兵に応じなければいけない。君は人生を前に進めることができないどころか、実際には後退させられることになる。それは君の人生を破壊するために設計されたシステムなんだ。

僕の一番上の兄が徴兵されたとき、彼は目の感染症を患ってしまった。軍の病院は処置の仕方を知らず、彼の症状は片目が見えなくなるまで悪化した。今でも彼は目がよく見えない。

他の兄が徴兵されたとき、彼は強烈な日差しの中、地面を這って進む訓練をさせられていた。足に破片が突き刺さり、細菌に感染して二倍に腫れ上がった。その後アラウィー派の指導教官が彼の私物の中にコーランを発見した。軍では禁止されているものだった。その教官は彼をムスリム同胞団の一員だという罪状で投獄した。僕の両親は彼を釈放するために山のような保釈金を支払わなければならなかった。

僕の両親はそういったことで多くの苦痛を味わってきた。だから僕が徴兵される時期がやってくると、両親は即座に僕を国外へと送り出したんだ。外国で五年以上働き、かつ八〇〇〇ドルを払えば兵役は免除される。両親は言った。「それで済むなら安いものだ。行きなさい」。

**ハディア　臨床セラピスト（ダマスカス）**

私は私立のキリスト教の学校に通っていましたが、政府の力と支配はそこですら常に感じました。私たちはハーフィズ・アル＝アサドの肖像写真が表紙に入ったノートを持っていました。そのノートに落書きするなんて、誰も恐ろしくてできませんでした。年度末までには、その顔に口ひげを書いたり、変な顔の落書きをしたりすることもありましたが、それは本当に使い古した、誰にも見せることのないノートにしかできることではありませんでした。

ハーフィズの統治下では、学校でヘッドスカーフを被ることは禁止されていました。私は学校に到着する前にスカーフを脱がなければなりませんでした。私立でも公立でも、学校では軍服の着用を義務付けられていました。女の子は丈の長いシャツを着て、軍用ベルトを巻き、軍人のような靴を履かなければいけませんでした。一年生から六年生までは、バアス党に所属していることを示す小さなクリップを付けたバンダナを首のまわりに巻いていました。小学生のうちは、子どもたちは〝バアス党スカウト〟という組織のメンバーなのですが、中学、高校になると正式なバアス党員になるのです。

私たちは軍隊のようなやり方で並ばなければいけませんでした。なぜなら私たちは非常事態法の下で暮らしており、何かあればいつでも国を守るために戦わなければならなかったからです。毎朝私たちは、次のような文句を繰り返し叫んでいました。「我々は、帝国主義やシオニズム、後進性に抵抗し、敵国に協力する犯罪組織やムスリム同胞団を打ち倒すことを誓います」。彼らはムスリム同胞団をとても恐ろしく非道な集団だと教え込みました。実際、その名を口にすることすら恐ろしかったです。

翌日が「政権を讃える行進の日」だと告げられたときほど辛かったことはありません。体調不良を理由に休んでしまおうと考えたこともありましたが、そんなことをすれば、政府の人間が家に押しかけてきて、私の不参加を理由に父親を拉致してしまったことでしょう。彼らが実際にそうすると言ったわけではありませんが、私たちはそれが起こり得ることだと感じていました。彼らは私たちを捕えに来る、そんな雰囲気がありました。

結婚式を挙げるにも治安局の許可が必要でした。何をしていても政府に支配されていると感じていたのです。ゴミ回収業者や、深夜二時まで道路脇でそら豆を売っている人々が、実際には政府の諜報機関員だということは周知の事実でした。

父が何冊かの本を隠し持っていたことを覚えています。父は「こういった著者の本がうちにあるなんて誰にも秘密だよ」と言っていました。当時の私にはそれがどういう意味なのかわかりませんでした。毎年ダマスカスのブックフェアに出かけましたが、いくつかの出版社は表に出せない本を隠し持っていることを私たちは知っていました。それらは政治に関する本とは限りません。まるでそこには、人々を落ち着かなくさせる薄気味悪い何かが漂っているようでした。

**サナ**　グラフィックデザイナー（ダマスカス）

教師たちは、パレスチナ問題こそが最も重要な問題だと子どもたちを教育しました。イスラエルと戦うためには、私たちの人権や、シリア国内で起こる問題は忘れなければいけないというのです。私の父は、そのふたつの問題はそれぞれ関係のないものだと常々言いました。私たちはパレスチナの人々とともに立ち上がることもできるし、それと同時に、私たち自身の国を良くしていくこともできるのだと。学校で教わることと、家で言われることがあまりにも違いすぎて、私は混乱していました。しかしそのことは誰にも言えませんでした。

学校には約四〇〇人の女生徒がいたので、きっと私ひとりぐらい国歌を斉唱しなくても誰も気づかないだろうと思っていました。ところが教師のひとりがそれに気づいたのです。

その教師は罰として私に、肘と膝をついて学校のグラウンドを這って周るように言いました。傷口からは血が滴っていましたが、教師は私を〝卑怯者〟とか〝卑劣なやつ〟と呼びました。その記憶は絶対に忘れることができません。

私たちの学校はとても汚かったのです。私は一五歳のときにふたりの友人と一緒に清掃委員会を立ち上げました。校長はそれを知るとひどく怒りました。彼女は私の父を呼びつけると、このアイデアはいったい誰の差し金だとか、家でどんな本を読ませているんだと詰問しました。父は、私が単に子どもなだけで、何も心配するようなことはありませんと答えました。

その頃、学校では芸術と音楽の授業が無くなり、代わりに三時間の〝空っぽな時間〟というものが与えられました。私は政権が意識的にその言葉を選んだのだと気づきました。それは〝空っぽな時間〟であり、〝自由時間〟ではないのです。政権が望んでいるのは、私たちの頭が空っぽになることなのです。何か考えたり、夢見たりするよりも、何もしないほうが彼らにとって都合がいいのです。彼らの目的は、私たちが食べたり飲んだり、子どもの安全を願ったりといったことだけを気にして暮らすようにすることでした。

アイハム　ウェブ開発者（ダマスカス）

大抵の場合、学校に行き始める年頃になると洗脳が始まった。偉大なる指導者、親愛なる政権、彼ら無しではこの国は壊れてしまう……。何度も何度も繰り返し、僕たちは偉大なるアサド家の栄光のために生きるのだと、そんな情報を脳裏に詰め込まれながら成長するんだ。

たとえ無垢な子どもに出会えたとしたって、すでに全ての社会システムは腐ってるんだ。そのシステムは腐敗を栄養に育っていく。もしパスポートを発行してもらいたかったら、あちらこちらの役人に賄賂を渡し、そいつらの尻にキスだってしなきゃならない。汚い言葉を吐いてごめんよ。これは汚職を止めどなく量産するくそったれなシステムなんだ。小さな子どもの頃から、この国ではこうやって生きていくしかないってことを学んでいく。もし君が政府与党の党員だったら、いい学校や職場にありつけるだけの成績やチャンスを与えられるだろう。どれだけ政権に忠実かで全てが決まるんだ。だからみんな、自分がどれだけ忠実な人間かって周囲にひけらかすようになっていく。

同時に僕たちは、社会の敵に対する憎しみというものを注入される。実際にはその敵というものが、いったい何を意味しているのかもわからないままにね。多くの人々が、政権を守ることは国益を守ることになると考えている。それはまるで、「政権は腐ってるし、子どもたちにはくそったれな未来が待ち受けている。治安部隊はいつだって自宅に押し入ってきて僕らを刑務所に連れ去ったり、ひどい拷問にかけたりする。そんなことは百も承知だ。たとえそれでも、帝国主義と資本主義には絶対に屈しないぞ！」と言っているようなもんだ。

どんな形であれ、政権の許可する場所以外で社会的繋がりをつくることは許されない。学校、スポーツクラブ、カルチャー教室……人々が〝陰謀を企てる〟ことのできそうな場所は全てやつらに支配されている。普通の会話なんてできやしない。二週間前に会ったあの男が、自分のことを政権に密告していないだろうかって、そんな恐怖が常にあるからね。政権はどこにだって目と耳を持っている。とても信じられない話だと思うかもしれないけれど、これが僕らの日常なんだ。

だからみんな、いつの間にかそんなシステムの一部として取り込まれてしまう。誰もが怯えたり、腐敗したり、何かしらの方法で利益を得たりしている。これらがみんな、支離滅裂な混沌を生み出す要素になるんだ。その結果あらゆるものが腐敗して、人々は互いに敵対し合うようになったんだ。

**アダム**　メディア・オーガナイザー（ラタキア市）

幼い子どもっていうのは、いつも何かに怯えているもんだ。暗闇だとか、ベッドの下に何か潜んでやしないかって怖がるとか、そんな風にね。けれど、そんな風に怖がってる大人なんてなかなか見ないだろ？

俺はね、恐怖とはいったいどういうものなのか、初めて目の当たりにしたときのことをはっきりと覚えている。それは一九九五年のことで〔実際はバーセルの事故死は一九九四年〕、俺は六、七歳の子どもだった。ちょうどその時期政権は、バッシャールの兄、バーセル・アル＝アサドの宣伝に躍起になっていた頃だった。きっと彼が父の跡を継いで大統領になるだろうと期待されていたんだ。俺はテレビで、彼が乗馬したりしている姿をよく見かけていた。かっこいい人だなと、俺は思っていたよ。

ちょうどその日、俺は父とサッカーをしようと外に出るところだった。玄関で父が待っているとき、俺は友人からバーセルが自動車事故で亡くなったというニュースを聞いたんだ。俺は叫んだ。「父さん、バーセルが死んだってよ！」。

父の顔色がさっと変わった。父は何も言わずに俺の腕を摑み、家の中へと引っ張り込むと、玄関のドアに鍵をかけた。

説明は必要なかった。父の行動が俺に無言のメッセージを伝えていた。父のその腕の摑み方や、家へと引きずり込む動作、そして再びサッカーをしに外へ出なかったことで、俺は何か、聞いてはいけないことが起きているのだと理解した。

そのとき初めて恐怖というものを知ったんだ。その出来事は、俺の頭の中で永遠に結晶化している。あの家族、特別な権威を持つあの人々……俺たちはその名前を口にすることすらできない。彼らの死ですら、とても恐ろしいものなんだ。ようこそシリアへ。

第II部

# 潰えた希望

**アブデル＝ナーセル**　ファイナンシャル・マネージャー、人権活動家（ダマスカス郊外県ドゥーマ）

バッシャールが政権の座につき、父とは違った民主的な政治を行うと宣言しました。私たちのように政治に関心のある人々は、それが嘘だとはわかっていました。しかし、社会を変えられる機会があるのに、民衆はその機会を手にしようとはしなかった、などと歴史に記されるわけにはいきません。ジャン＝ジャック・ルソーが言うように、自由とは与えられるものではなく、自ら勝ち取るものなのです。

機会が到来したのは、〝ダマスカスの春〟と呼ばれた時期でした。私たちはバッシャールが民衆に与えた嘘を利用して、〝フォーラム〟をつくったのです。そこは自由に発言したり議論したりできるオアシスでした。私たちは個人宅で勉強会や座談会を催し、教育や識字率、シリアとレバノンの関係や、政治活動の自由といった、様々な重要な問題について話し合いました。私たちは政府から正式な許可を得て活動していたわけではありませんが、バアス党には告知をしていました。一緒に語り合おうと誘いもしましたが、彼らは断りました。

政権はしばらくの間私たちの活動を大目に見ていましたが、次第に懸念を募らせるようになりました。若い大学生たちがよりいっそう集まってくるにつれ、政権は私たちが若者の精神を汚染していると見なすようになりました。そのため彼らは私たちの活動を禁止したのです。突然政権は私たちをスパイ呼ばわりし、刑務所へと連行しました。治安局の車が常に私と妻の後をつけてきました。そしてある日、早朝五時半に彼らが私の家に押し入ると、私は拉致されてしまったのです。

刑務所から出た後、私たちはすぐに活動を再開しました。知識人や反政府活動家たちは〃ダマスカス宣言〃を発表しました。私たちは平和的に、ゆるやかに社会を変えていくことを強調しました。国内で戦争が起こることなど望んでいなかったからです。

政権はまたしても活動家たちを逮捕しました。しかしこのとき私は何とか逃れ、身を隠すことができました。これらの出来事は、結局アサド政権は何も新しいものではないということを証明していました。人々は相変わらず拷問され、秘密警察も徘徊しています。政府は何も変わっていなかったのです。それはハーフィズ・アル＝アサドの政権と同じものでした。ただ国家元首の顔が変わっただけだったのです。

**フィラス**　コンピューターエンジニア、ジャーナリスト(アレッポ市)
二〇〇〇年一〇月、私はアレッポ大学で政治活動を始めました。バッシャール・アル＝アサドの政権となってから三カ月後のことです。私たちはイスラエルのパレスチナ侵攻に抗議して座り込みを行いました。その三日前、バアス党も大規模な座り込みを行っていましたが、私たちは参加しませんでした。主張したいことは同じでしたが、私は政府が支援している抗議活動には参加したくなかったのです。
抗議には三〇〇人の学生が参加しました。私たちは二時間交通を妨げ、その光景はみなに衝撃を与えました。私たちはいったいどれだけの人間を動員することができるのか、そしてそれにどう政権が反応するか、試したかったのです。翌日、大学のバアス党指導者が、彼らのオフィスまで私たちを呼びつけました。彼らは私たちがやったことを理解していました。彼らが言いたいことは非常にクリアでした。シリアでは、政府と与党が統制していなければ、どんな政治活動を行うことも許されていないというのです。

私たちのグループは秘密裏に活動を続けました。二〇〇三年三月、私たちはアメリカのイラク戦争に反対する座り込みを行いました。私たちは社会的な活動を行う偉大な人々とともに働きました。そこには国家主義者や、共産主義者、クルド人の若者の姿がありました。イスラム活動家も少なくともひとりは参加していました。私たちは地面に毛布を敷き詰め、革命歌を歌い、主張を掲げました。グループ全体が朝から夜まで座り続けました。幾人かはその場で夜を過ごしました。

ある夜、一一時頃のことです。私は食事を取りにその場を離れました。まだそんなに遠くまで行かないうちに、大きな騒音が聴こえてきました。数百人の群衆が、私たちが座り込みを続けている場所を襲撃したのです。彼らはそこにあった全てのものを破壊してしまいました。数日後、それはバアス党の仕業だったとわかりました。彼らの管理外で抗議活動を行ったことへの報復だったのです。

二〇〇四年、バッシャール・アル゠アサドは、大学を卒業したエンジニアには政府の役職を与えるという古くからの決まりを法令で廃止しました。それは学生に対する契約違反だと私たちは捉え、一〇日間かけて学生たちに自らの権利を自覚するよう説き、抗議活動の準備を始めました。

およそ一〇〇〇人もの学生が抗議活動に集いましたが、治安部隊や軍の諜報機関員、そしてバアス党の集団が私たちを取り囲みました。一〇〇人の学生が逮捕され、八九人の学生が大学から追放されました。

私たちは抗議を再開しようと試み、ダマスカス大学の学生たちと提携を結びました。三人の学生が、私たちのグループからダマスカス大学へと向かい、市民活動を行っている若者たちと接触しました。しかし軍の諜報機関は当然ながらその活動を監視しており、全員逮捕されてしまいました。もう活動を主導していく力は残されていませんでした。もはや周囲の人々が私たちが行っているような活動を支援することはないと気づいたのです。私たちは現政権に対処する新たな方法を模索するしかありませんでした。

**ムハンマド**　大学教授（ダマスカス郊外県ジャウバール）

大学での私の専攻は英文学でした。私は財務大臣の娘と知り合いで、彼女の父親が通訳者を探していると聞きました。気づいたときには、私はアサド政権の中枢で働いており、どのように政権が機能しているかを内部から見ることができたのです。

私の仕事のほとんどは国際通貨基金（ＩＭＦ）や世界銀行の代表団と働くことでした。ときには通訳以外の特殊な指令も与えられ、ダマスカス周辺を案内するなど、彼らの暇つぶしに駆り出されました。国が彼らと真剣に話す気などないのは明白でした。

ある会議の最中、大臣がアサド・シニアから電話を受けました。大臣は「大統領が七万人の新卒者を雇いたいと言っている」と告げました。もし新卒者が職を得られず路上に溢れたら、きっと彼らは政権に対して抗議活動を行うであろうことをアサドは知っていました。彼は新卒者たちを政府機関に押し付けることで問題の解決を図ろうとしていたのです。それがうまくいくはずがないということは、経済学の知識などなくてもわかることでした。国はすでに、国内最大の雇用を抱える大組織だったのですから。問題は悪化するだけで、いつの日かそれが爆発するのは目に見えていました。

アサド・ジュニアが権力の座につき、西側諸国は彼を支援しました。しかし彼は父のような洞察力は持っていませんでした。アサド・シニアは社会システムを築きました。彼は隅々までそのシステムを熟知しており、人々をまとめあげる手腕を持っていました。息子は自らの手でシステムをつくったわけではありません。システムをつくるために奮闘したこともないのです。彼は単にロンドンで眼科医になるための勉強をしていただけでした。それがある日突然、一国の指導者となったのです。

アサド・ジュニアは、「全て民営化してしまえばいい。社会主義の時代は終わりだ。これからは資本主義の時代が来る」という助言者の声を聞き入れました。全く素晴らしいことでした。シリアは突然、たった二家族とその友人たちの所有物になってしまったのです。アサド家との親密さに応じて人々の得られる利益が決まりました。シリアの市場には急に新型の携帯電話が溢れましたが、その通信ネットワークはラミ・マクルーフというバッシャールのいとこに完全に支配されてしまったのです。

トリクルダウン効果など、もはや存在しませんでした。公共福祉は坂を転げ落ちるように崩壊していきました。同時に旱魃が起こり、農民たちが都市に溢れかえりました。ダマスカス周辺のスラムは巨大なものでした。国はもはや国民のニーズに対応することはできませんでした。

二〇〇六年のことです。車を駐車しようとしていたところに、突然少年が倒れこんできたのです。

即座に周囲から警官たちが現れました。車はたいした速度も出ていなかったので少年は無傷でした。警官は少年が無傷であることを知っていましたが、こう言いました。「あんた、こいつは当たり屋だよ。厄介なことにならないように助けてやるが、まずはこの少年を病院に連れていかないとな」。

私たちは少年を病院へ連れて行き、レントゲン検査をしてもらいました。すると、少年の体内には無数の金属プレートが埋められていることがわかったのです。こちらに埋まっているプレートや、あちらに埋まっているプレート……それらの怪我は全てこれまでの事故で負ったものでした。看護師は少年が死なずに済んだことが信じられませんでした。

警官たちは私と一緒に病院までやってきて、その後みなで警察署へと行きました。警官たちは言いました。「さて、問題を解決しないとな」。彼らがいくら請求したかわかりますか？　たった一〇〇ドル程度です。彼らはそれを仲間内で分け始めました。警察署だというのに、彼らはみな今回の一件に関わっており、その分け前を欲しがっているのです。少年もまた分け前を受け取り、私はこう言いました。「なぜ単にお金をせがまないんだい？　車に飛び込む必要なんてないのに」。

どれだけ人々が絶望しているかおわかりでしょうか。これらは全てアサド・シニアがやってきたことが原因です。多くの人間を政府に雇い入れたはいいものの、乏しい給料しか与えていないからこうなるのです。月に一〇〇ドルしか給与を貰えない警官を責めるべきでしょうか？　バッシャールがトリクルダウンの仕組みを停止させてから、彼の一族は大金持ちになりました。彼と妻はいつも綺麗な服に身を包み、まるで王族気取りです。彼はこう考えているのです。「みんな私を愛している。私は素晴らしい指導者だ」と。そう考える根拠はどこにもありませんが。

**アダム**　メディア・オーガナイザー（ラタキア市）

医療制度はくそだ。政府は無料だというが、もし本当にきちんとした医療を受けようと思ったら金を払わないといけない。大学もかつては無料だった。だけど俺が大学に入学する頃までには有料になった。教育もひどいもんだった。俺は経済学と経営学を専攻したが、実際にはほとんど授業に出席しなかった。生徒が多すぎたんだ。一年生のとき、五〇〇人ほど収容できる講堂に行った。でもそこで履修者リストを見てみると、その授業を受ける新入生が三〇〇〇人もいたんだ。大学は多くの新入生を受け入れるが、それは単に金儲けがしたいだけだ。

政権は公立大学の抱える問題を解決する気なんてさらさらなかった。その代わりにやったことと言えば、何千ドルもの学費のかかる私立大学を開設することだったんだ。富裕層と貧困層の格差は広がるばかり、全く踏んだり蹴ったりだよ。

**ワエル**　大学卒業生（ダマスカス郊外県ダラヤ）

もし君が書類手続きや、何か政府の人間とやり取りをする必要があるとすれば、役人は君をひどくぞんざいに扱うだろう。もしバアス党の党員じゃなければ、君はゴミのように扱われるだろうね。父はいつも僕にバアス党員になるよう勧めていた。そうしないと職に就くこともできないぞってね。だから僕は言ったんだ。バアス党の党員だろうがなかろうが、職なんて見つかりっこないって。

ある日母さんと買い物に出かけたとき、僕は知らないうちにＩＤカードを失くしてしまったんだ。

警察署に行ったら政治部門の人間が連絡をしてくるだろうと言われた。

その後政治部門から連絡があって、支局に出頭するようにと命じられた。課報機関が僕のIDについて色々と調べているということだった。支局には父が一緒に着いてきてくれた。僕らは部屋に入り役人に挨拶をした。その役人は、父とは親子ほど年が離れている若い男だった。男は机の上に足を投げ出していた。父は、「お目にかかれて光栄です！　あなたが私たちの国を守ってくださるように、あなたに神のご加護がありますように！」というようなことを男に言った。

男は僕に、大学で何を学び、今はどこで働いているのかと尋ねた。何人兄弟姉妹がいて、何人おばがいるのかとか、外国に行ったことのある親族はいるのか、もしくは僕自身が外国に渡航したことがあるのかとか、たくさんの質問をされた。もちろん彼はそんなことは全部知っているはずだけれど、とにかく尋ねてきた。インターネットは使うか？　どんなサイトをよく見るんだ？　祈りは捧げるのか？

「君はバアス党の党員か？」と彼は聞いた。

僕は、「はい、正党員です」と答えた。正党員というのは、一般の党員よりもランクの高い党員のことだ。父は机の下で僕を蹴り始め、僕が嘘をついたことが信じられないという目で僕を見た。僕は単純に、党員だと言えば新しいIDカードを発行してくれるんじゃないかと思ったんだ。

男は続けた。「正党員だって？　どこの支部に所属しているんだ？」。

僕はダマスカス郊外県だと答えた。男は党員番号を尋ねたけれど、僕は忘れてしまったと答えた。

「党員番号を忘れただと？　最後に会合に出席したのはいつだ？」

僕は約一〇カ月前だと言った。毎週木曜日に集まって、シリア経済の成果とか、そんなことを話し合うと付け加えた。

「君の支部の支部長は誰だ？」。僕は支部長の名前は誰々だと答えた。何人かの友人は実際に会合に出ていたから知ってたんだ。

男は受話器を手に取ると、誰かに電話をかけてこう言った。「今ここに正党員だという若者が来ているんだが、彼の党員番号を知りたい」。電話の向こうの女性は僕の名前を探したが、党員リストの中には見つからなかった。

男は受話器を手で覆って降ろすと、僕を嘘つきだと罵った。僕は否定した。僕の友人の党員に頼めば協力してくれると知っていたからね。「僕は正党員です。党員の友人に聞いてみてください！　みんな僕のことを知っています！」。

男は電話の相手に僕がいかに愚鈍そうなやつかと話した。

「きっとこの阿呆は自分がどこにいるかもわからないんだ」

僕はますます馬鹿なふりを続けた。

「僕は党員だ！　会合に出席して、この階級をもらったんだ！　僕らは色んなことを議論し合ったんだ！」

男はなんて馬鹿なやつなんだと言って笑い出した。僕は、「何が起ころうとも嘘を貫き通してやろう」と思った。なんであれ、最後は金で解決できると僕は知っていた。必要なら父は車を売って金をつくるだろう。

父はタバコを取り出し男のために火をつけた。男は父の行為に礼をしながら、いかにシリアが完璧な国かということを話した。そしてついに男は僕たちを解放した。父は僕を叱責した後、友人のバアス党員に電話をかけた。「何も問題ない、君の息子を党員のリストに入れておこう。正党員どころか、もっと上のポジションに一〇年前からなっていたことにしておくよ」と彼は言った。

上から下まで、どこまでも腐敗しているんだ。

**ハモウディ**　大学卒業生、工学専攻（アレッポ市）

大統領や首相になりたいとか、同級生の誰かがそんなことを口にするのを聞いたことがない。誰も大きな夢なんて持ってなかった。子どもたちはただ、小さな商店とか、そんなものを持つことを夢見てた。みんながそんなことを夢見てたら将来はどうなる？　何百もの小さな商店がひしめき合うだけさ！

小さな商店主を夢見る少年の隣に、ロケット科学者を夢見る子がいるとする。少年は自分がつまらない人間に思えてきて、その子と争い始めるだろう。政権はそれを助長していた。それは単に統治の方策じゃない。人々がお互いに対立するように仕組んでいるんだ。

大学生だったころの僕はそんな風に感じていた。僕は風力発電に強い情熱を持っているんだ。卒業制作には風力タービンをつくった。それはほんの小さなものだったけれど、アレッポ大学では初めての風力タービンだった。制作は三カ月に及ぶ大変な作業だったけれど、僕はそれを誇りに思っていた。

担当教授は、僕が最優秀成績を取るだろうと言ってくれた。でも実際には他にふたりの学生も僕と同じ成績を与えられたんだ。彼らは何も重要なことなんてやっていない。たまたま教授と仲が良かっただけだ。

とても憂鬱だったよ。シリアにはとても賢くて、勤勉に働く人間もいる。でもそういった人々が正当に評価されることはないんだ。誰も彼らの成功なんて助けたりしないのだから。

**マスード** 活動家（ハサカ県カーミシュリー）

一九六〇年代、政府はクルド人たちが住む地域の人口構成を変えるために、〝アラブベルト政策〟を打ち出した。クルド人が多数派を占める地域をアラブ化し、街の名前もクルド語からアラビア語に変えるというものだった。バアス党はクルド人のＩＤカードを無効とする法律さえ通してしまった。私の祖父はシリア軍のために働いていたが、政府は彼の国籍すら奪ってしまった。ＩＤを奪われた人々は自分がシリア人であることを証明するものを一切持っていなかったが、それは政府がアラブ化を推し進めるためには好都合なことだった。

あるクルド人はＩＤを得て、他のあるクルド人は得られなかった。それは恣意的な選別だった。私の兄はＩＤを得て市民だと認められた。私はＩＤを剝奪された約四〇万人のクルド人のひとりだった。ＩＤを持たない者にとって大きな問題となったのが、何も所有できないということだった。私の家族の家は、たまたまＩＤを持っていたおじの名義で登録しなければいけなかった。仕事で使っていた倉庫は別のおじの名義に、車はまた他の誰かの名前を借りた。全てがそんな調子だった。宿に泊まるにも政治保安局と州保安局の許可を必要とした。訪ねて行ったところで、当局の役人たちはとても侮辱的な対応をする。だから私は旅行が嫌いなんだ。

**ナディール**　活動家（ハサカ県ラース・アル＝アイン）

二〇〇四年三月、クルド人たちが蜂起しました。デモに参加したのは、私が一五歳ぐらいの頃です。それは新しい時代の幕開けでした。人々は自分たちが権利を持った存在だと気づいたのです。私たちは集会を組織し、様々なことを話し合いました。人々はクルド人の置かれている状況に、ますます声を上げる勇気を得ていきました。蜂起から約一年経った頃、私は仲間たちとともにクルド人の文化について書かれた本を集めた秘密の図書館をつくりました。そういった類の本の所持は禁止されていましたが、秘密裏に集め、仲間内で交換し合いました。セーターの下に本を隠し、夜中にひっそりと交換していたのです。

**ムサ**　大学教授（アレッポ市）

人々は、宗派や民族によって雇用に不均衡が生じるなど、間違っていると思っていました。例えばホムスには、大多数を占めるスンニ派の人々を筆頭に様々な人が入り混じって暮らしています。それなのに政府の役職に就くのはアラウィー派の人間だけでした。アレッポには本来アラウィー派の人々は住んでいませんでしたが、国の仕事はアラウィー派の人々にしか与えられませんでした。もしそれが能力に応じた雇用の結果であるならば何も問題ありません。しかし能力のある人間が職を得られずに、単にコネを持った人間がそれを得られるとしたらどうでしょうか？

そこには抑圧があり、経済もまたそれによって激しく変化していきました。人々はより多くの仕事と豊かな暮らしを求めます。ところが市場を見てみると、ある社会階級やバックグラウンドを持つ人々が、その他の人々を犠牲にしながら私腹を肥やしていることがわかります。政権と親密な上層部の役人やビジネスマンは、自身の能力ではなく権力を用いて、非常に短期間のうちに大金を稼ぎます。

そういった成り上がりのビジネスマンたちは、元から存在した社会的な繋がりや伝統を破壊する、ベンチャービジネスを請け負いました。ホムスでは、様々な宗派の人々がお互いに尊重し合いながら暮らしていました。そこに新たにやってきたビジネスマンが〝ホムス・ドリーム〟という、旧市街地の再開発を行うプロジェクトを立ち上げたのです。彼らは旧市街地に住む人々を脅したり、うまく丸め込んだりして、土地や物件を売却するように迫りました。こういった事業は街の宗教的、伝統的な部分をバラバラにしてしまい、各宗派、民族の対立を煽る面がありました。アレッポでもまた同様のことが起こりました。城周辺の古い建物群が取り壊され、観光地にされてしまったのです。アレッポは伝統のある街で、宗教的に重要な意味を持つ建築物も多くありました。

こういった時期を通じて貧困は拡大していきました。その要因は全て、バッシャールがこの一〇年間に積み上げてきたものです。貧しい者はより貧しくなり、日毎に怒りを蓄積していきました。

**アナス**　医師（ダマスカス郊外グータ）

腐敗はますます広がっていきました。ムスリムにとって重要な義務であるメッカ巡礼も、賄賂なしには行えませんでした。ついに社会の全てに腐敗が蔓延してしまったのです。全てにです。以前から腐敗は深刻な問題でしたが、ここまでひどいものではありませんでした。あらゆる物事が悪い方向へと進んでいます。わずかでも良くなるなんてことはありませんでした。グラスいっぱいに溜まった水はすでに溢れ出してしまったのです。馬鹿げた問題がいくらでもありました。誰かが外に出て、「ノー！」と言わなければいけなかったのです。

第Ⅲ部

# 革命の芽生え

**アブー・タヤール**　航空エンジニア（ダラー市）

チュニジアの大統領、ベン・アリーが権力の座を追放されたというニュースはまるで夢のようでした。私はその一報を聞いて涙を浮かべた多くのシリア人のひとりです。みんなその事実が信じられませんでした。不可能だ！　そんなことあり得ない！　信じられない！　これは現実のことなんだろうか？　まるで神から与えられた奇跡のようでした。私たちは、こういった革命は他の国でも起こり得るのだろうかと、考えずにはいられませんでした。

エジプトで起きたことは、チュニジアで起こったことを遥かに上回る衝撃をもたらしました。エジプトの革命はわずか一八日間で達成されたことでしたが、ある人々は夜も寝られないほどに興奮したものです。彼らは休みなく一日中ニュースを追い続けました。エジプト、エジプト、エジプト……。

エジプトのホスニー・ムバラク大統領が失脚したと聞いたときは驚きました。その日のことははっきりと覚えています。人々は家を飛び出しあれこれ話し始めました。語らずにはいられなかったのです。人々はエジプトについて語り、「神の恵みだ」と讃えました。彼らはムバラクを罵りながら、「失脚するのは当然だ、エジプトの人々は民主的な政権を勝ち取ったんだ」と言い合っていました。

人々はバッシャールについては話しませんでした。それでも、心の中では自分たちの革命を望んでいたのです。外見上はエジプトのことを話していましたが、人々の内面は大きく揺さぶられ、本当は違うことを考えていたのです。

**アダム**　メディア・オーガナイザー（ラタキア市）

チュニジアで人々が大規模なデモを行っていたとき、シリア人たちは「凄いことが起こるもんだな」と興味を掻き立てられていた。次いでエジプトの革命が起きると、「もうムバラクは辞職するしかない」と思い、事実そうなった。俺たちシリア人はこう思ったんだ。「まじかよ、俺たち民衆には力があるんだ」と。

そしてリビアも続いた。それには俺たちも驚いて釘付けだったよ。だってリビアのカダフィと言えば、民衆に対して軍を派遣することすら厭わないやつなんだから。俺たちはそれを知っていたし、もちろんリビア人も知っていた。だからリビアの人々は世界に向かって助けを求めたんだ。俺たちは思ったよ。「これはまるで自分たちのことじゃないか」ってね。そして国際社会はリビアに介入し、「我々はリビアの市民を守る」と言ったんだ。シリア人は、それは自分たちに向けたメッセージでもあると受け取った。もし本当にひどい事態になったとしても、国際社会は民衆の味方なんだっていうね。

もちろん犠牲者は出るだろう。命を落とす人間だっている。それは間違いのないことだ。でも国際社会が守ってくれる限り、軍が民衆を攻撃してくることはないだろうと考えたんだ。俺たちにはわかってたんだ。もし国際社会がほんのちょっとでもシリアに介入して軍を派遣するようなことがあれば、政権軍は尻尾を巻いて逃げ出しちまうだろうってことがね。そうなれば政権軍はアサドを裏切り、逆に彼に銃口を向けるだろうさ。

**ブシェル**　映画学校学生(ダマスカス)

僕の兄は、エジプトの市民革命を支持するために、エジプト大使館前で行われたデモに参加した。同じようなデモがリビア大使館前でも行われると知り、僕はそのデモに参加しようと決心したんだ。

大使館前に到着するとすでにデモは始まっていて、そこにろうそくを持った女の子がいた。ろうは溶けて、彼女の手はろうだらけになっていたけれど、それでもカダフィへの抗議の声を上げ続けていたんだ。

警備員が大使館を取り囲み、デモ参加者の顔を撮影していた。僕は少し怖くなったけれど、同時にとても幸せだった。その後僕はサウジアラビアにいる兄弟のひとりに電話をした。デモに参加して、「自由を!　自由を!」と叫んだことを彼に伝えたんだ。伝える必要があると思ったんだ。「絶対に君もあの興奮を体験するべきだ」と僕は言った。うまく言葉にできないけれど……それはまるで、自分の中のエネルギーを全て放出するような感じだった。長い年月の間、密かに蓄積され続けてきた全てのエネルギーをね。地面に立っている気がしなかった。まるで魂がどこかへ飛んでいったかのようだったんだ。

僕はデモの最中、ポケットにMP3レコーダーを忍ばせていた。ばれたら大変なことになるから、見つからないようにね。まだそのときの録音データを持っている。今でもほぼ毎月、その録音を聴き直すよ。何度も、何度も、再生する。それを聴いているとね、レコーダーをポケットに入れていた時と全く同じ感覚が蘇ってくるんだ。

**リマ**　ライター、活動家（スワイダ市）

ある日ダマスカスのオールド・マーケット地区、ハリーカというところで、特に理由もなく、警察官が市民に暴力を振るったのです。五分も経たないうちに数百もの群衆が集まり、政権に対する抗議を始めました。「シリア人はこんな侮辱は許さないぞ！」と人々は叫びました。私はこの事件を職場の友人から聞きました。彼はとても興奮していましたが、私はそんなことが現実に起こったなんて信じられませんでした。そんな話を見たり聞いたりしたことは、生まれてこのかた一度もありませんでしたから。そして一時間も経たないうちに、その様子を捉えた映像がYouTubeにアップロードされました。それを見たとき、私は嬉しさのあまり泣いてしまいました。それはつまり、シリアでも革命が始まったということだったのです。

**ワリッド**　詩人（ダマスカス郊外県）

私たちはシリアの現状について話し合うようになりました。エジプトは民衆蜂起に必要なだけの条件を備えていました。しかしシリアがエジプトと同じだけの社会状況を整え、政治的な活動を行うには、少なくともあと五年はかかるのではないかと私たちは考えていました。なので私たちは、そのゴールを達成するために各々活動を始めようと話し合っていたのです。

そうこうしているうちに、〔二〇一一年〕三月一五日の革命への呼びかけが始まりました。そして私たちは外へと歩み出たのです。そのようにして革命は始まりました。デモはますます大きくなっていきました。「ちょっと待て、私たちはまだ準備できていない。あと五年は必要なんだ」と言うべきだったでしょうか？　いいえ、それは違います。そんなことできるわけがありません。革命はすでに動き出していたのですから。私たちはその流れとともに前に進んで行くしかなかったのです。

**シャフィック**　ビジネススクール卒業生（ダマスカス郊外県ダラヤ）

僕はパソコンを使う仕事をしていたから、常にインターネットに接続していた。チュニジアとエジプトで起きたことはとても簡単なことのように見えた。僕らの進むべき道はすでに開かれている、自由と尊厳が僕らのもとに向かってきているんだって、そう感じたよ。

バッシャールに抗議するシリア革命、と題された初めてのフェイスブックページがつくられた。そこでは、こんなことやあんなことが起きたとか、誰々がこんな抗議活動を行ったとか、そういった情報が紹介されていた。そして彼らは、三月一五日を民衆蜂起の日にするのだと呼びかけたんだ。

まるで誰かとの待ち合わせのように、僕は三月一五日を待ち焦がれていた。それはとても興奮することだった。いったい三月一五日に何が起こるのか、この目で見たかったんだ。フェイスブックページを登録している人は一万二〇〇〇人に達していた。そのうちの一〇〇〇人は実際に現場に来るだろうと僕は思っていた。

街で最初に活動を開始した男性と、僕は頻繁に会うようになった。仮に彼の名前をニザールとしよう。彼は僕に、ただ単にデモを見たいという動機で現場に行くべきではないと言った。何か僕にしかできない役割を持って参加すべきだとね。僕はデモの様子を発信したいといった。なので彼は僕にカメラを買い与えてくれたんだ。シャツも買い、ポケットに丸い穴を開けた。シャツの内側にカメラを隠し、その穴からレンズを出した。その上からジャケットを着た。現場に到着次第カメラの電源を入れ、そのまま回しっぱなしにするようにと彼は言った。そして何か記録すべき状況に遭遇したら、ジャケットの前を開けるんだ。

僕らはダマスカスのハミディア・マーケットに到着した。初めに叫んだのはある男性だった。彼は政権の人間だった。彼は人々にデモを始めてみろとけしかけ、そうしたら全員逮捕してやると叫んだんだ。そのとき、ある少女が声を上げた。彼女の父親は一九八二年からずっと投獄されているというのだ。彼女は叫んだ。「神と、シリアと、そして自由、他に何もいらない！」。

誰も彼女に続かなかった。正直に言うと僕も怖かったんだ。みんな傍観していた。シリア人は、いつだって女性の勇気に後押しされる。でも、僕だって同じぐらいの勇気を振り絞ることはできるはずだ。僕はその声に続いた。「神と、シリアと、そして自由、他に何もいらない！」。叫ぶたびに僕の声は大きくなっていった。叫ぶのに夢中で、僕はすっかりカメラのことを忘れていた。

そして治安部隊の車がやってきた。僕は叫ぶのを止めた。怖気づいたんだ。僕は後ろに下がり、事の成り行きを見守っていた。治安部隊は警棒を持って現れ、人々を殴り始めた。地域の住人もそれに加わって、デモの参加者に暴力を振るい始めた。

とても悲しかった。世界が憎かったし、人生が嫌になったよ。殴られた若者たちは、国全体のことを思って声を上げたというのに、こんなの悲しすぎる。なぜ現実はこうなんだろう、なぜ僕らは計画もなく、組織もつくらずに抗議を開始したのだろう、なぜ、なぜ、なぜ……、そんなことを考えると悲しくて仕方なかった。僕は水を飲みたかった。この場にはもういたくなかったんだ。

僕はタクシーに乗ると、ここから離れてくれと告げた。何も撮影していなかった。やりきれない気持ちで家に帰ってきた。ちくしょう、なんでやつらは殴ったりするんだ。もし殴られたのが僕だったらどうしただろう。もし僕が彼らの立場で、みんな何もせず、周囲でただ見ているだけだったとしたら。

僕は何時間も座り込み、考えた。「これは革命なんだ。こういったことが革命では起きるんだ。僕は殴られるかもしれないし、命を落とすかもしれない。でもそれは目的を達成するために必要なことなんだ。革命を成し遂げるか、死ぬか、そのどちらかなんだ」。僕は自分を奮い立たせた。「何を迷うことがある？　革命なんだから当然のことだ。この体制は完全に腐っているんだ。やつらに期待なんてできないんだぞ」。

**アフメッド**　活動家（ダラー市）

革命は三月一五日に、人々へ蜂起を呼び掛けたときから始まったと言われますが、本当の始まりは違います。三月一五日、人々はデモを終えるとみな家に帰りました。ですが三月一八日にダラーで起きたことは、それとは全く異なったものだったのです。

ことが起きる二年前、アーティフ・ナジーブという役人が、政治保安局ダラー支部の局長になりました。彼はバッシャール・アル＝アサドのいとこです。この男は誇大妄想家でした。彼はあらゆる機関が彼の支配下にあると主張していました。国境、税関、他の保安局、州の機関……交通警察でさえもです。彼が行ったことのひとつが、土地や不動産の自由な売却を禁止することでした。それらを売却するためには、特殊な許可を得る必要があるというのです。そして彼は、息のかかった人間たちにその許可を与えると、あちこちの土地を法外な安値で買い漁ったのです。

つまり、ダラーの市民はすでにうんざりしていたのです。そこに少年たちの事件が起こり、事態は爆発的に展開していくことになりました。ある朝、教員や生徒たちが学校に到着すると、壁にこんなスローガンが書かれていたのです。「次はお前だ、バッシャール」、「お前の番だぞ、ドクター〔大統領に指名されるまでロンドンで医学を学んでいたアサドを指す〕」。人々は驚愕しました。

いったい誰がそんなことを書いたのか、今でも真相はわかっていません。校長は政治保安局の人間を呼びました。役人が現場へやってきましたが、彼らは何の捜査も行いませんでした。彼らは単に自分たちの仕事を終えたという報告書を提出するために、誰でもいいから逮捕したかっただけなのです。役人たちは、その壁に書かれている他の落書きの中にいくつかの名前を見つけると、その子どもたちを呼び集めました。中には数年前に書かれた落書きもありました。ほとんどの子どもたちは一六歳以下でした。子どもたちは拷問にかけられ、役人たちの望むことなら何でも喋らされました。彼らは子どもたちの友人の名前を聞き出すと、その友人ですらも逮捕してしまったのです。

逮捕された子どもたちの家族は、バアス党の地域支部長に助けを求めました。子どもたちが解放されないので、家族たちはナジーブ氏との会見を求め、代表団を派遣しました。ナジーブ氏は子どもたちの解放を拒むとこう言いました。「お前の子どものことは忘れるんだな。帰って妻と新しい子どもをつくるがいい。子どものつくり方がわからないっていうのなら、お前の妻をここへ連れてこい。どうやってつくるのか我々が見せてやる」。その侮辱的な言葉は一瞬にしてダラー中に知れ渡りました。

それが三月一七日、木曜日の出来事でした。ここで少し三月一五日のことを振り返ってみましょう。その日左翼政党の人々は、ダラー市役所前での抗議活動を計画していました。私の父もその中のひとりです。彼らが市役所前に到着すると、すでにそこは治安部隊の兵士たちで埋め尽くされていました。抗議に集まった人々は驚き、横断幕を掲げることも、抗議の声を上げることもできずにその場を立ち去りました。

一七日の夜、諜報機関の人間がやってきて、父を含む、抗議を計画した人々を逮捕してしまいました。彼らは人々を罵り、デモを行おうなどとは思わないほうが身のためだぞと脅しました。人々はその晩の内に解放されましたが、翌日金曜日の朝、モスクでの礼拝が終わった後に抗議の行進をしようと決意したのです。なぜモスクかですって？　なぜならモスクだけが、唯一保安局の人間に邪魔されずに人々が集える場所だったからです。

翌日、ダラーにあるふたつの大きなモスクでは、すでに治安部隊が待ち構えていました。なので父親のグループは、ハムザ・ワ・アッバスという、まだできたばかりの小さなモスクへと行くことにしました。そこに治安部隊の人間はいませんでした。その代わり彼らはそこで、落書きの件で逮捕された子どもたちの家族と出会うことになったのです。

彼らは抗議を始める際の秘密の合図を決めていました。イマーム〔イスラム教の指導者〕の説教が終わると、グループのひとりが叫びました。「神は偉大なり！」。他の人々も後に続き、彼らは街で一番大きなモスク、アル＝オマーリ・モスクへと歩き始めました。そのときです。逮捕された子どもたちの家族もまた、その抗議の行進に加わったのです。家族たちの怒りはすでに頂点に達していました。行進がアル＝オマーリ・モスクへたどり着くと、そこで祈りを捧げていた人々もまた、その抗議へと加わりました。

私たちは、人々がこの抗議運動に共感してくれることを期待してはいましたが、行進を見た人々が、今ここで何が起こっているのかに気づくのに、ほんの数分しか必要としなかったことには驚きました。人々は抗議に加わり、一緒に声を上げ始めました。あちこちの家や通り、他のモスクからも人々が集まってきたのです。私たちはもうデモを統制することなどできませんでした。それは私たちの手を離れ、民衆のものとなったのです。

市のスタジアムに治安部隊を乗せたヘリコプターがやってくるのを見て、私たちはそれ以上デモ行進を続けられなくなりました。兵士たちを乗せたバスはすでにそこに到着していました。抗議の群衆は、丘に挟まれた平地の端に集まっていました。その平地のこちら側の丘には人々の暮らす街が、治安部隊の集結している反対側の丘には、政府機関や省庁が位置していました。

警察もそこにやってきました。市長や、子どもたちを逮捕した役人も姿を現しました。彼らは抗議する市民に向かって、引き返さなければ逮捕し、殺すことも厭わないと脅しました。しかしそれは人々の怒りをよりいっそう駆り立てるだけでした。群衆は抗議を継続し、石を投げ始めました。そこに治安部隊が発砲したのです。ふたりが即死し、ひとりが重傷を負ってその後息絶えました。

もし体制側が発砲せず、人々を殺さなかったとしたら、ダラーの人々はきっとその日は家に帰り、何か違った方法を模索したことでしょう。翌日、人々はその事件の犠牲者の葬式に参列し、政権への抗議を叫び始めました。デモは継続され、治安部隊はより多くの人々を殺しました。その時点で、すでに私たちは引き返せないところまでやってきたのだと気づきました。それはもはや政治に意見するだけの活動ではなく、民衆運動へと変わっていたのでした。

**ムンタセール**　ジャーナリスト（ダラー市）

私の兄弟はハムザ・ワ・アッバス・モスクにいました。全ては完全に秘密裏に準備されました。私はその抗議活動が本当に起こるのかどうか、実際に起きるまでわかりませんでした。

私はアル＝オマーリ・モスクで待っていました。デモの行進が私の方へと近づいてくるのを初めて目にしたときは、とても不思議な気持ちでした。あまりにも嬉しすぎて、私は泣きだしてしまいました。こんなことはかつて一度だって起きたことがありません。そのときまで行進と言えば、体制を讃えるための行進しか知らなかったのですから。

ふたりが殺され、初めての犠牲者となりました。翌日、葬列が街を歩きました。昨日人が殺されたばかりのことなので、その葬列に参加する人はいないだろうと私たちは思っていました。ところが私たちが葬列に向かうと、なんと一五万人もの人が参加していたのです。人々は周囲のあらゆる村々からやってきました。

誰もが体制を犯罪的なものだと見なしていましたが、今まで私たちは抗議の声を上げることを恐れていました。そしてついにチャンスがやってきたのです。この機会を逃してしまえば、私たちは二度と声を上げることなどできなくなるのではないでしょうか？　それにもし私たちが引き下がれば、体制は初日に抗議活動を行った若者たちを全員逮捕してしまうでしょう。そして彼らは獄中で死を迎えるのです。選択の余地はありませんでした。私たちは引き返すことのできない道へ踏み出したのです。

**アブー・タヤール**　航空エンジニア（ダラー市）

初めての抗議活動があったのは金曜日のことでした。それから葬儀があり、さらに多くの抗議が続きました。火曜日の夜、アル＝オマーリ・モスクでの座り込みが始まりました。早朝三時頃、政権軍がやってきて、あらゆる方向からモスクに総攻撃をしかけました。彼らは何十人もの市民を殺し、大勢が怪我をしました。兵士たちは聖なる書物を焼き払い、壁にこう書きなぐりました。「神ではなく、アサドに跪け」と。

周囲の村の人々は、アル＝オマーリ・モスクでの虐殺を聞くや否や、ダラーの街を目指し始めました。彼らは「平和を、平和を、平和を」と繰り返し、治安部隊はそんな彼らに向かって発砲したのです。想像できますか？　あの村の人間は一〇人死んだ、こっちの村では五人、あっちでは三人、ここでもふたりという状況だったのです。

こうして革命は瞬く間に全土に広がりました。政府は死体をそれぞれの村に送り返しました。葬式がはじまり、そしてその葬式のそれぞれが抗議デモになりました。もし私がこのことについて本を書く機会があるとしたら、『たった一週間で革命に火をつける方法』という題にするでしょう。

**フサイン**　脚本家（アレッポ市）

エジプトでの革命が始まったとき、私たちはフェイスブックを通じて彼らにアドバイスをしたり、革命の歌をシェアしたりしていました。まるで私たち自身も、彼らと一緒にタハリール広場（エジプトの首都カイロの中心に位置し、抗議活動の舞台となった）にいるかのようでした。

そしてシリアで初めてのデモがダラーで起きたのです。アレッポにいた私はそれを聞いて、フェイスブックで賛同の意志を示そうと思いました。ところがそれを投稿するエンターキーを押すことができなかったのです。私は恐れていました。私の指はキーボードの上で止まっていました。私は自分にこう言い聞かせました。エジプトでの革命に堂々と支持を表明しているのに、いざそれが自分の国で起きたら怖くて何もできないなんて、そんな情けないことはないぞって。

そしてついにエンターキーを押したのです。翌朝には体制側の連中がやってきて、私を逮捕するだろうと確信しながらベッドにもぐりこみました。

**アブー・ターレク**　エンジニア（ハマ県の村）

私はダラーに住んでいる友人に電話をかけ、いったいそこで何が起きているのかと聞きました。私たちはみな心を動かされていたのです。でも、どうしたらいいのでしょう。私たちは何をすべきなのでしょうか。

私の村では夕方、皆で集まりトランプやチェスに興じます。私たちは色々と話し合い、三月二五日の金曜日、ハマで一番大きなモスクから出発するデモ行進を行おうと決意しました。

体制側は何か起こりそうだと察知しており、事態を静めるために役人を派遣しました。バアス党地方支部の前長官がモスクへとやってきました。彼は一九八二年の事件〔ハマの虐殺を指す。本書序文ｘｘｉｖ頁を参照〕のときに長官を務めていた人物です。イマームが彼を人々の前に招くと、彼はこう言いました。「ダラーでは何も起きていない。お前たちが耳にしていることは全て嘘だ」。

民衆は何年にもわたり怒りを溜め込んできており、その鬱積したエネルギーはどこかにはけ口を求めていました。人々は叫び始めたのです。「黙れ！　私たちに命令するな！　お前は腐敗した恥ずべき人間だ！」。そしてみな立ち上がり、モスクを出て抗議の行進を始めたのです。しかし私たちは三〇〇メートル程しか進めませんでした。治安部隊が群衆の元へと駆け付け、人々を殴り始めたからです。

次の金曜日、治安部隊の連中は、人々がまだモスクの中にいるうちから暴力を振るい始めました。彼らは人々がその場を離れることすら許しませんでした。しかしそのような事件が起こったにもかかわらず、二回目のデモは一回目よりも大きな行進となりました。ハマの人々全てがこう言っているのです。私たちは行進をするんだと。

私のいとこは抗議活動を支持していませんでした。「まだ時期尚早だ。何も準備できてないし、組織もない」と彼は言いました。私はこう答えました。体制は私たちが何かを準備したり、組織したりする機会など永遠に与えることはないと。私たちは政党をつくることも許されていませんし、新聞を発行することも、集会を開くことも許されていないのです。以前私が講演会を企画し、一五人の知人を家に招いた時も、治安部隊の許可を得なければいけませんでした。

体制は変化を望んでいないのです。この国は完全に支配されています。政権は五〇万人の治安部隊と、国内の全ての経済活動を牛耳っているのです。いずれにせよ、私たちは立ち上がるより他になかったのです。

**カリーム**　医師（ホムス市）

ホムスで初めてデモが行われたのは三月一八日のことでした。金曜日の礼拝が終わると、人々はモスクを出て抗議の声を上げ始めたのです。しかし門には治安部隊が待ち構えており、兵士たちは人々に摑みかかると、無理やりバスへと押し込んでしまったのです。デモは一瞬にして中止させられてしまいました。

次の金曜日は三月二五日でした。私は毎週金曜日の習慣として、友人と一緒にコーヒーを飲んでいました。その日に何かが起こるなんて思ってもいませんでした。そのとき、オオオオオッ！という大きな騒音が聞こえてきたのです。それは人々の声でした！　通りへ出てみると、大量の市民たちが、オオオオオッ！と声を上げているのです。彼らは旧市街から出発し、街の中心地に向けて抗議の行進を行っているのでした。

信じられませんでした！　これは現実のことなのでしょうか？　さらに人々が加わり、どんどん大きな、とてつもなく大規模なデモへと発展していったのです。私も行進に加わりました。そこには治安部隊の姿もありましたが、彼らは驚きのあまり何もできずに呆然としていました。

人々は三時間ものあいだ抗議の声を発し続けていました。そこに体制支持派の連中がバスで乗り付けてきたのです。そのほとんどがアラウィー派の人々でした。彼らが群衆に向かって石を投げ始めると、すぐに反撃がはじまり、双方が石を投げ合う事態となりました。そこに治安部隊が介入してきました。兵士たちは催涙弾を撃ち込み、多くの人を逮捕しました。

ひとりの抗議者が軍人会館の壁をよじ登り、ハーフィズ・アル＝アサドの肖像画を引きちぎりました。彼はその肖像が細切れになるまで踏みつけたのです。この光景をテレビで見た人々は、自分たちの目を疑わずにはいられませんでした。

金曜日が来るたびにデモが行われ、回を重ねるごとに大きなものへとなっていきました。もしあなたが当時のホムスを訪れても、普通の生活が営まれているように見えたかもしれません。商店は普通に営業し、人々は仕事へ出かけます。ところが治安部隊はデモ参加者の映像を持っており、現場にいた人間をかたっぱしから逮捕していたのです。

金曜日には、街の中央広場は治安部隊の兵士たちで埋め尽くされ、人々が広場に近づけないようにチェックポイントが設置されました。その結果、それぞれの地域の人々は、地域内で独自のデモを開始することとなったのです。普段は祈りを捧げない人々も、デモに参加するためだけにモスクへとやってくるようになりました。誰もが、何か行動をしたいという欲求に飢えていたのです。人々は当時、このような平和的な方法だけで、大統領を追放することができると確信していました。

**ズィヤッド**　医師（ホムス市）

ホムスのあるモスクに若い男が入ってきた。誰もが、その首にネックレスがかけられていることに気づくだろう。しかしネックレスの大部分は彼のシャツの中に隠れていて見えない。彼は列に並び、他の人々とともに祈りを捧げる。そして彼が頭を下げたとき、そのネックレスがシャツから飛び出した。それは十字架だった。人々は彼に言う。「間違って十字架をかけてきたのかい？　それとも間違ってモスクに来たのかい？」。それに対してキリスト教徒の青年は言う。「僕はみなさんと一緒にデモに参加するためにここに来たのです」。

**ミリアム**　若い女性（アレッポ市）

ある金曜日、私の兄弟がデモを行う予定だというモスクに出かけていきました。祈りの時間が終わったとき、彼は思いました。「なぜ初めに声を上げる人間がいつも他の誰かなんだ？　今回は僕が初めに叫ぶ番だ！」。

そして彼は立ち上がり、「神は偉大なり！」と叫び始めました。そこにいた人々はただ彼を見つめているだけでした。それで彼は、抗議活動の集合場所が変更されていたことに気づいたのです。

**ハディ**　商店主（ラタキア県サルマ村）

ラタキアにある私の村では、それは落書きから始まったんだ。人々は夜中こっそり外に出て、絶対に見つからないように落書きをした。私たちは彼らをナイトバット（夜の蝙蝠）と呼んでいた。朝起きて村を歩くと、「民衆は政権転覆を望んでいる」というような落書きが見つかるんだ。

実は私は塗料を売る商店を経営していた。治安部隊がやってきて、この店で塗料を買った人間は全員記録しておけと言った。私は客の名前、ＩＤナンバー、それに両親の名前も控えなければいけなかった。人々は怖がって誰も店には近づかなくなったよ。それで結局私の店はつぶれてしまった。でも落書きをする人間は、どこからか塗料を調達してきて書き続けたんだ。

その後、夜の抗議活動が始まった。毎晩夜の七時になると送電が止まったから、部屋に灯りはなかった。その夜の闇の中で、人々は窓から叫んだんだ。「神は偉大なり！」。勇気のある誰かが叫び始めると、みんなそれに加わった。村の全ての方角からその声は響いてきたよ。治安部隊がやってくると人々は沈黙した。そして彼らが去ると、またみんな声を上げ始める。

**マフムード**　俳優（ホムス市）

初めはみんな電話で喋ることを怖がってたんだ。だから僕らは暗号を使って話していた。僕はそのときダマスカスの学校に通っていて、ホムスにいる母に電話をした。

「やあ母さん、調子はどうだい？」

「全く、こっちは雨が降り続いていて、霧まで立ち込めているよ」

「霧が出ている」というのは、治安部隊がいるということを示す暗号だった。「雨が降っている」というのは銃撃のことで、「嵐が来ている」と言えば砲撃を意味していた。僕らはこんな会話を真夏にしていたんだ。僕は言った。「みんなでひどい天候に耐えないとね……」。

僕はデモに参加するなんてとても怖くてできなかった。行ったのは一度きりだ。恋人が行きたいって言ったから仕方なくね。タクシーで現場に向かう間、そして到着してからも、周囲にいる誰もが実は僕を逮捕しにきた秘密警察なんじゃないかって、恐ろしかった。

　ある男はこんな仕方で逮捕されたことがある。秘密警察は彼を連行し、尋問を始めた。彼は自分がデモに参加したなんて、絶対に認めなかった。そうしたら取調官はある映像を見せてこう言った。「もしお前がデモに参加してないなら、ここに映っているのはいったい誰なんだ？」。とたんに彼の顔から血の気が引いた。そこにはデモの群衆の中央で、誰かが彼を肩車している姿が映っていた。彼を担いでいた男、それが実はこの取調官だったんだ。

**フサイン**　脚本家（アレッポ市）

　アレッポでも少しずつデモが大きくなっていきました。毎週デモを行っている地域もあったぐらいです。私は若い運動家たちと一緒に活動するようになりました。私たちは毎週誰かの家に集まり、会合を開きました。もちろん秘密裏にです。

　ある日私は電話でデモについて話していました。私の娘は当時一六、七歳だったのですが、電話の内容を聞くと「私もデモに参加したい」と言いました。

　私は「私がデモに行くような人間に見えるかい？」と彼女に答えました。すると彼女はこう切り返しました。「今電話で誰かと話してたじゃない。結婚式は二時に始まるって。誰がそんな時間に結婚式を始めるの？　お父さんはデモの時間について話してたんでしょう？　私も一緒に行く！」。

　口論になりましたが、結局私は娘を連れて行くことにしました。娘の出発準備が整うと、私の前妻である彼女の母が私たちを追って玄関までやってきました。「もしあなたたちふたりがデモに行くというのなら、私も一緒に行きます。家でひとりで待ってるなんてできませんから」。

それからというもの、ふたりは抗議活動に夢中になってしまいました。後から知ったことですが、娘は活動家の会合に参加するために学校を休むこともあったようです。なので彼女の母は娘を学校まで送り届け、帰りも家にまっすぐ帰るように外で待っていたということです。

**ヤーセル**　元大学生（アレッポ市）

僕が初めて参加したアレッポのデモにはものすごい人数が参加していたから、友人とはぐれてしまったんだ。僕はシャビーハがどんな格好をしているか見た。ひとりは杖を持っていて、足を曳きずっているわけでもないのに、それで体を支えるふりをしていた。ひとりは工具を持って車の下に潜り込み、何かを修理している素振りをしている。みんな何かをしているふりをしているけれど、実際には彼らの持っているものは人々を殴るためのものなんだ。しばらくすると、デモの群衆はみなそれぞれ、互いを疑い始めた。

抗議活動は八時半に始まる予定だった。でも八時三五分になっても何も始まらなかった。そのときある老人が、シュプレヒコールを上げる役割を担っている青年の側を通り過ぎた。年老いた男はこう言った。「なぜ黙って突っ立っているんだ？　声を上げないならここから去れ」。

青年は自分を奮い立たせた。「もし僕がこの老人よりも勇敢でないなんてことがあったら、僕は自殺してやる」。彼は歩み出た。そして叫んだんだ。みんなが彼に続いた。その時の様子を想像できるかい？　まるで手に持っていたトランプが全部あちこちに吹き飛ばされたような、そんな光景だったよ。

**ジャマール**　医師（ハマ市）

ダマスカスでは、大勢の群衆を集めてデモをするのは難しいことでした。人々はとても恐れていました。だから私たちは「フラッシュ・プロテスト」を行いました。五分間だけ抗議の声を上げ、すぐにその場から立ち去るのです。

人々はその他にも、様々なやり方で体制への抗議の意思を示しました。集まる時間と場所を決め、同じ色の服を着て現れるのです。例えば、全員が黒い服を着てカフェに現れることもありました。誰も何も喋りません。ただ、体制に反対する人々が存在することを示すために集うのです。結局は治安部隊の連中も何が起きているかに気づき、そういった人々を追い回すようになりました。

もし私たちが親の言うことを聞いていたら、外に出て抗議活動を行うなんて、永遠にできなかったことでしょう。親世代はハマの虐殺を経験しています。私のおばはそのとき妊娠していました。両親は彼女を病院へ連れて行きました。彼らは途中のチェックポイントで止まらざるを得ませんでした。そこには道路に沿って死体が並べられていました。私の父はそのときの光景を今でも深く脳裏に刻み付けています。父はそのときの恐怖が未だに消えていないのです。私たちがテレビを見ていて、何か政治に関係することが流れると、父は決まってこう叫びました。「テレビを消せ！」。彼は政治に関するテレビ番組を見ることすら、恐ろしすぎてできなかったのです。

私たちの世代だってもちろん恐れています。でも、彼らのようにではありません。私は今、父にこう問いかけています。「なぜあなたはそんな時代を生きながら沈黙してしまったんだ？」と。私たちは問いかけます。その世代の全ての人々に。

**リマ**　ライター、活動家（スワイダ市）

私はデモの群衆の中にいました。誰もが叫んでおり、私も加わりました。初めは小さな声で「自由を」と囁いていただけでした。それから私は、自分が何度も「自由を、自由を、自由を」と繰り返していることに気づきました。そして私は叫び始めたのです。「自由を！」。私の声は大勢の他の人々の声と溶け合いました。その私自身の声を耳にしたとき、私は震えてきて、涙がこぼれ落ちました。まるで空を飛んでいるようでした。私は思いました。「生まれて初めて、私は自分自身の声を聴いている」と。「こんなことは初めてだ。私には魂があり、死も、逮捕されることも、何も恐れていない」と。この自由を永遠に感じていたかった。この私自身の声を、絶対に誰にも盗ませたりはしないと誓いました。

その日から私は、全てのデモに参加することになったのです。

**アマル**　元大学生（アレッポ市）

学生たちは大学の中庭で授業が始まるのを待っていました。そのとき誰かが「神は偉大なり！」と叫んだのです。そして他の人々も加わり、「自由を！」と叫び始めました。私は全身に鳥肌が立つのを感じました。私は友人と一緒でした。彼女は私のハンドバッグを摑んで、私を後ろに引っ張りました。けれど私は前に進み出てデモに加わったのです。まるで私の体は自分ではコントロールできなくて、足が勝手に動いていくようでした。友人はハンドバッグを離さず私を止めようとしましたが、私は構わず前へと進んで行きました。ハンドバッグの紐がちぎれ、私は群衆と一体となりました。

**サナ**　グラフィックデザイナー（ダマスカス）

デモに向かう道すがら、私はとても怯えていました。それは夜のことでした。私たちは治安部隊の兵士に顔がばれないように、顔にスカーフを巻き、狭い通りを抜けて広場を目指しました。広場は明るく、人々は太鼓や笛で音楽を奏でていました。誰かが私の右手を取り、左手にもまた知らない誰かの手がありました。私たちは歌い、踊り、飛び跳ねました。それは体制の転覆を願うパーティだったのです。その瞬間、私は一切何も気にしていませんでした。私はとても幸せでした。見知らぬ人々と一緒に踊り、バッシャールの追放を叫ぶ、それは私の生涯でも忘れられない瞬間となりました。

夫と私は、デモにはどちらか一方だけが行くと決めていました。何かが起きたときのために、どちらかがデモに参加するなら、もうひとりは家に残るのです。夫は私より先にデモに参加し、とても興奮して帰ってきました。彼は叫びました。「これを経験せずして、生きているなんて言えるだろうか」。私が初めてデモに参加して帰宅したとき、彼はどうだったかと聞きました。私は、あなたの言ったとおり、と答えました。

**シャディ**　会計士（ハマ県）

初めてデモに参加した日は、私の結婚式の日よりも素晴らしい日だった。妻は私のそんな言葉を聞いてから、一カ月も口をきいてくれなかった。

**ワダー**　医学校卒業生（ラタキア県）

僕と弟は湾岸地方で生まれ育ち、それからシリアに戻ってきて学校へ入った。正直に言うと、僕らはシリア人がどうも好きになれなかった。侮辱されたり、虐待されたりしても声を上げることもないのだから。ときどき、シリア人なんかにはなりたくないとすら感じていたよ。僕はただ大学を卒業して、この国を去ってしまいたかったんだ。

三月二一日、僕はムアダミヤにあるアパートで目が覚めた。「自由を、自由を」という声がどこからか聞こえてきた。僕はきっとまだ眠っているのだと思い、「このまま夢の中に留まれたらなあ」とつぶやいた。でもその声は外から聞こえてきたんだ。僕はドアを開け、叫んだ。「デモだ！」。僕はルームメイトの部屋のドアを叩き、「デモだ！　デモだぞ！」と大声を上げた。そして自分が裸足でパジャマ姿だったと気づき、すぐに着替えて外へと飛び出した。

僕の弟も飛び出してきて合流した。僕は彼に「家に帰るんだ！」と言った。僕は彼の責任者だと思っていたし、怪我をしないか心配だった。もちろんそんな言葉は彼の耳には届かなかった。これは革命なんだから。誰も他人の言うことなど聞かなかった。

僕は大声で叫び始めた。「尊厳を！」。尊厳の後には何を求めたらいいのだろう？　そんなことは誰にもわからなかった。でも僕らは、それが食べものよりも必要なものだと知っていた。

デモは三〇人ぐらいの規模に膨れ上がった。そのとき、大柄な男たちが僕らを取り囲んだ。彼らは黒いコートに身を包み、携帯を手にしていた。僕と弟は裏道を通り逃げ出した。デモに参加していた全員が逮捕された。全員が、だ。

僕と弟は長髪だったからすぐに見分けがついた。人々は、「あの長髪のふたり組はどこに行ったんだ?」と話していたが、ムアダミヤの住人たちは僕らの味方だった。誰も僕らの居場所を密告したりしなかった。

三月二五日、僕らは新たなデモが起こることを期待していた。友人はドゥーマのモスクに行き、僕はムアダミヤのモスクへ行った。僕らはこんな具合に連絡を取り合っていた。もし彼が僕にプラス記号をメールしてきたら、それはそこでデモが行われているということだ。もしそれがマイナス記号だったら、人々は祈りを終えて帰路についたということだった。

僕はモスクにいてプラス記号が送られてくるのを待っていた。イマームはしゃべり続けていた。まるで彼の説教は永遠に続くのではないかと思えたほどだ。そのとき、友人からメールが届いた。それはプラス記号だった。人々の声が通りから聞こえてきた。「魂と血にかけて、我々はダラーのために犠牲となろう!」。僕は走って外に飛び出した。興奮しながら階段を飛び降りた。

僕らが通りに到着すると、二〇〇〇人を超える群衆がデモに参加していた。僕は泣きだした。自分の国籍を拒んでいたことが申し訳なかった。シリアの人々を侮辱し、彼らはただの臆病者に過ぎないと言っていたことを謝りたかった。僕は思った。「ごめんよ、本当にごめんよ。君たちは僕の兄弟だ。君たちは僕の隣人だ。かけがえのない存在だ」。

**アナス**　医師（ダマスカス郊外グータ）

〝聖金曜日〔キリスト教の祭日で、イースター前の金曜日。キリストの磔刑による受難を記念する〕〟のデモは、キリスト教徒の同胞たちに敬意を示して、イースターと連帯して開催されました。私たちは、シリア人キリスト教徒たちにも外に出て、一緒にデモに参加して欲しかったのです。

デモには一〇万人以上の群衆が集まりました。人々はドゥーマ、ハラスタ、ザマルカ、カフルバトナなど、ダマスカス郊外県の全土からやってきました。人々が橋を渡ったとき、そのあまりの人数に足元で橋が震えていたのを覚えています。

私たちがジョバールに到着すると、政権軍はそこで我々を待ち受けていました。彼らは催涙弾を放ち、私たちは撤退しました。警察とシャビーハをぎっしり乗せた車があらゆる方向からやってきて、手にできるものなら何でも用いて人々を攻撃し始めました。私は医者だったので、怪我をした人ならだれでも助けようとしました。群衆は催涙弾のガスにむせ返っていたので、私はガスの効果を消すために人々の顔にコーラを注ぎました。人々の顔はべとついてねっとりと光っていました。

私たちは叫んでいました。「自由を、自由を、自由を！」。そして誰かがこう叫びました。「民衆は体制の転覆を望んでいる！」。とたんにみな沈黙しました。誰かがそんなことを叫ぶのを聞いたのは、この時が初めてでした。

一〇秒から一五秒ほどの間、誰も声を発することができませんでした。正直に言うと私たちは、そう叫んだ男が秘密警察の一員ではないかと恐れていたのです。人々は互いに顔を見合わせ、こう思いました。「この男は我々が何年もの間言いたかったことを代弁してくれたのだ」。何年、何十年もの沈黙の後に、ついに私たちはその言葉を聞いたのです。私たちは「彼と一緒に叫ぶべきか、それとも沈黙を続けるのか?」と自問自答しました。人々は周囲を見渡し、何も言わずに考え込みました。声を上げるべきか、沈黙しているべきか。

**シェーリーン**　母親(アレッポ市)

私たちは抑圧された生活に慣れていました。それはまるで空気や太陽や水のように、私たちの日々の一部だったのです。そこに抑圧があると感じることすらありませんでした。例えばそこに空気があっても、「空気はどこにあるの?」なんて聞かないでしょう。多くの人々が社会のありように反対していましたが、抗議活動をしようなんて人はいませんでした。誰もが抑圧を受け入れ、それと一緒に腐っていったのです。

それが一瞬のうちに、ひとつの叫びが、声が、全てを吹き飛ばしたのです。人々は抑圧に抗い、死を前に立ち上がりました。抑圧を受け入れることは、もはや伝統のようなものでした。それが三〇年という時を経て、人々はその負の遺産を思いっきり地面にたたきつけ、粉々に打ち砕いたのです。

私は姉妹の子どもたちを、一緒にデモへ行こうと誘いました。もし子どもたちがこの機会を逃したら、彼らは人生の本当の意味を知る機会を逃してしまうと思ったのです。もし革命が失敗に終わったとしても、その日々は忘れられないものとなるでしょう。私たちは立ち上がったのだと。外に出て、沈黙を破り、叫んだのだと、次世代に伝えられますから。

姉妹の子どもたちは、女の子がふたり、男の子がひとりでした。初め彼らの声は、とてもびくびくした低い声でした。でも言葉を繰り返すうちに、その声はだんだんと大きくなっていったのです。そしてその声は建物の間で反響するほどに大きくなりました。そこに住んでいた人々は何事かと思い外に出てきました。それがどんな状況だったか、とても言葉で言い表すことはできません。

デモに参加することが簡単だなんて思わないでくださいね。立ち上がり、目の前で誰かが自分を殺すための銃を持っている姿を直視することは、並大抵の勇気でできることではありません。私たち民衆は、彼らが実際に私たちを殺すであろうことを確信していました。恐怖が消え去ることはありません。死は確実にそこにあるのですから。

しかしそれでも、この信じられないほどに抑圧された状況が、若い男性や女性たちを外へと駆り立て、「神は偉大なり！」と叫ぶに至らせたのです。そしてそれらの言葉が放たれたとき、二〇〇人を超える他の人々はこう叫ぶ準備ができていました。「民衆は体制が崩壊することを望んでいる！」と。声がどんどん大きくなり、強い感情が湧き上がってきます。体が震え、高揚し、想像していた全てが目の前に現れるのです。涙がこぼれ落ちました。それは壁を突き抜けた歓喜の涙でした。もう何も恐れるものなんてない、私は自由な存在なんだ。涙が次々とこぼれ、声がかすれてきます。悲しみと喜び、恐怖と勇気……それら全てが混ざり合った声は、とても強い叫びとなり、響くのです。

革命の前は、シリアとはアサドのものだと思っていました。シリアとは、私にとっては単に暮らす場所であって、私に属するものではありませんでした。革命が始まったとき、私はシリアが自分の国であると気づいたのです。私はクルド人です。私たちは、クルド人は抑圧され、他の人々は体制に厚遇されていると思って生きてきました。革命が起きた後、私たちはみなそれぞれ同じように抑圧されていたのだと知りました。私たちは気づいたのです。以前の私たちは、誰も互いに協力したりすることはありませんでした。しかしその分断こそが、政権が私たちを支配するための方法だったのです。

**アブドゥルラハマーン**　エンジニア(ハマ市)

両親は離婚しており、私は母ひとりに育てられました。母は高校しか出ていないので、私たちは貧乏でした。勉強することが、私にとって唯一の未来への希望だったのです。

私はずっとエンジニアになりたいと夢見ており、ある日アルジェリアへ留学する奨学金を得ることができました。母は私の航空券を買うために、祖母から譲り受けたネックレスを売り払いました。十代の頃の私はいわゆる問題児でした。しかしアルジェリアに渡航し、たったひとりでそこにいるのだと思うと、私は真面目に学校に通うようになりました。私はフランス語を学び、アルジェリア人の女性と恋に落ち、学部で最優秀成績を収めました。

アラブの春が始まったとき、私は修士課程を終えるところでした。私たちの夢の実現は、もう目の前に迫っていました。私はシリア革命のフェイスブックページに「いいね!」することすら恐ろしかったので、〝シリアの男〟という偽名で別のアカウントをつくり、自由にその活動に参加できるようにしました。アルジェリアではひとり、シリア人の友人がいましたが、彼の一家はシリア警察に勤めている親アサド派でした。その彼に私の政治的主張を打ち明けたときは、まるで自分の死刑執行令状にサインしているような気分でした。しばらくして、彼の友人のひとりがデモの最中に殺されました。

私は彼にその事件を映したビデオを見せ、こう言いました。「この警察を見てごらんよ。きっと君のいとこもこの事件に関与しているんじゃないかな」。彼はショックを受けていました。

私は卒業試験を終えると、シリアへ帰る航空券を初めて予約しました。ダマスカス空港に降り立つと、タクシーでバス乗り場まで向かいました。私は誰かと革命の話をするのが待ちきれなくて、危うく運転手に話しかけるところでした。タクシー運転手の多くは、体制側の密告者であるということを忘れていたのです。そのときちょうど助かったことに、車の外からの光が彼の腕を照らし、そこに彫られているタトゥーを見ることができました。そこには「アリーを讃えよ、バッシャールを讃えよ」と書かれていたのです。アリーとはシーア派の聖人の名前です。つまり彼はバッシャールもまた、神のような聖人だと見なしているのです。私は口をつぐみました。

早朝六時半にハマに到着し、その日のうちにデモに参加しました。まるで天国にいるような心地でした。私が初めて叫んだ言葉は、「屈辱の前に死を！」というものでした。全てが幸せでした。道端に転がっている石ですらも幸せそうに見えました。私はその感情が全ての方向からやってくるのを感じていました。あらゆる方角から人々がやってきて、街の中心に位置するアル＝アシ広場へ向けて行進を開始すると、道路が私たちの重みで震えたのです。女性たちがコメやキャンディをバルコニーから撒いていました。スピーカーからは革命歌が流れています。「恥を知れ／恥を知れ／国の息子たちが、私の子どもたちを殺している／なんて恥ずべきことなんだ」。

私は自由な人間なのだと感じ、こう思いました。「この瞬間、この場にいられて、なんて幸せなのだろう。この場の一員でいられるなんて、感謝してもしきれない」。

**マルセル**　活動家、ブロガー（アレッポ市）

シリアの体制は世俗的だし、少数派にもきちんと権利が与えられているから何の問題もない。私はかつてそんなことを言っていたキリスト教徒の少女でした。二〇〇五年、私はあるオンライングループに参加し、ブログを始めました。私の知人のある男性は、ネット上に書いたことが原因で逮捕されてしまいました。そのときから、様々な問題が露わになってきたのです。

私が革命について初めてブログに書いたのは〔二〇一一年〕三月一五日のことでした。我々は自由であるべきだ、と私は書きました。私は偽名で記事を書いたことはありません。それはとても危険なことでしたが、私は全てのシリア人に、私が女性であり、キリスト教徒であるということを知って欲しかったのです。そして、現体制は崩れ去るべきだと私が信じていることも。私はイスラム教徒を、キリスト教徒を殺す人々だなんて思っていません。私はあなた方を信頼しています。一緒に前に進もうではありませんか。

四月までには、私もデモに参加するようになりました。私は二重生活を送っていたのです。抗議活動に参加する自分と、それを誰にも言わない自分。両親は私に協力的でしたが、ある友人たちは、テレビで報道されることをそのまま繰り返すだけでした。つまり抗議活動を行っている人々は、国を壊そうとしているギャングなのだと言うのです。私は友人たちもデモへと連れて行きました。「来なさい。そうすれば分かる」とイエスは言います。もしもっと多くの人々がデモをその目で見たならば、事態は違った方向に進んだと思います。

デモは素晴らしいものでした。そこには多くの英雄たち——自分では英雄だなんて微塵も思っていない人たちですが——がいました。危険を顧みず、リーフレットを配ったり、怪我人を病院に連れて行ったりする素晴らしい人々です。私も、全然知らない人々の救助をするなど、命の危険のある恐ろしいことをしていました。なぜなら私たちは、みんな同じ目標に向かって叫ぶ仲間たちだったのですから。

その頃、私の母はいつも泣いてばかりいました。私は、もしかしたら私が抗議活動の最中に死んでしまうかもしれないという現実を、母に受け入れて欲しいと思っていました。自分だけが特権を持って生きているなどとは思いたくありませんでした。例えば、両親が私をヨーロッパに送り出し、革命が終わるまで外国で待っているというような特権を。もし誰かが通りで殴られたら、私も通りに出て殴られたでしょう。もし誰かが投獄されたのなら、私も投獄されたでしょう。

治安部隊は私に、週に一度、取り調べのために出頭するようにと言いました。私は朝取り調べに出頭すると、その夜にはまた抗議活動に出かけました。自宅で過ごすことは危険になってきたので、私は友人宅で寝泊まりするようになりました。

母と会う機会はどんどん減っていきました。ある日私が実家を訪ねると、ちょうど母はその夜知人の結婚式のために出かけるところでした。その帰り道、母を乗せた車がチェックポイントで止まったとき、兵士たちが間違えて発砲してしまいました。母は撃たれ、一瞬にして殺されてしまったのです。

母の搬送された病院で、もう私は普通の人間ではないのだと感じました。妹は泣いていましたが、私はそうやって普通に悲しむことができなかったのです。とても近しい友人ですら、病院に来ることはできませんでした。そこに治安部隊がやってきて、彼らを全員逮捕してしまう恐れがあったからです。奇妙なのは、そういった友人たちが体制支持派だったことです。体制を支持している人間ほど、体制を恐れているのです。

私は考えました。活動家たちはすぐに母の死を知るでしょう。彼らは政権に殺された母を殉教者とみなし、敬意を表すために教会へ参列したいと言い始めるに違いありません。私は母の葬儀に騒ぎを持ち込みたくなかったので、別の活動家に会いに行きました。私は彼らにこう提案したのです。スローガンを叫ばず、歌わず、みなで白いシャツを着て、手に薔薇を持って欲しいと。私は何か、キリスト教徒の人々にも理解できることをしたかったのです。この革命を象徴するような、何か平和的なことを行いたかったのです。私を信じてください、と彼らに伝えました。もし活動家の人々がやってきて、教会でスローガンを叫んだり歌いだしたりしたら、そこにいる人々は怖がってしまいます。そして軍隊がやってきて、活動家たちを殴るでしょう。しかし人々は、これは活動家たちが勝手に始めたことだから仕方ないと、軍隊の行為を当然のことだと考えてしまうでしょう。

最終的には、約五〇〇人もの人々が葬儀へと参列しました。彼らは私が伝えたように、静かに、平和的に教会へと入ってきてくれました。すぐ近くには治安部隊もいましたが、教会に押し入って活動家たちに発砲するようなことはできませんでした。活動家たちの手に、赤い薔薇が握られていたからです。

それは素晴らしいことでした。活動家たちが、どれだけ反アサドのスローガンを叫びたかったかと思うと尊敬します。しかしそこにいた人々もまた、活動家たちのそういった態度に対して深い印象を受けたのです。教会の人が私にこう言いました。「神のご加護がありますように。あなたが今日を平和な日にするために尽力したことは、本当に大切なことです」。自分がこんなにも強い人間だとは知りませんでした。母の死という厳しい状況の中にあっても、この機会を革命の意義を伝える場にしようと思えるほどの勇気を、私は持っていたのです。

第IV部

# 苛酷な弾圧

**ミリアム**　若い女性（アレッポ市）

「国民よ、私はあなたがたとともにいます。私はあなたがたを助けたい。そしてともに少しずつ歩んでいきたい」。もしバッシャールの初めてのスピーチがこのようなものだったら、私は一〇〇万％の確信を持って、彼がアラブで最も偉大なリーダーだと言ったでしょう。彼にはそうなれる可能性があったのです。でも残念ながら、彼は国民に愛されていると思っていました。国民というのは、何もわからない愚かな人々だと思っていました。何が起ころうとも、民衆は彼についてくると思っていたのです。でも、私たちは政府が思っているほど愚かではありませんでした。

**ジャマール**　医師（ハマ市）

バッシャールが、デモが始まって以来初めての演説を行ったとき、私は病院で仕事をしていました。医師や看護師全員が集まってきて、テレビを凝視しました。

テレビの前には五〇人ほどが集まっていましたが、私たちは希望的観測を持っていました。しかしバッシャールは、民衆の求めることや抗議活動の意味を、全くと言っていいほど理解していなかったのです。彼は言いました。「もしお前たちが争いを求めるというのなら、こちらはいつでも戦争の用意はできている」。彼は実際大きな声で笑ったのです。そして彼はぶっきらぼうに、「アッサラーム・

アライクム（あなたに平穏を）、さようなら」と言って演説を終了しました。

私たちは自分が耳にした言葉が信じられませんでした。部屋の中には体制支持派の人々もいましたが、彼らもまた動揺を隠せませんでした。この男は民衆を統治するべきではない、ということが痛いほどわかったのです。彼は我々の大統領であるにはあまりにも愚かだったのです。

**タイシール**　弁護士（ダラー市）

〔二〇一一年〕四月二四日、政府軍がダラーを包囲しました。彼らは街を取り囲み、飛行機を使い街の様子を偵察しました。そして軍は色々な方向から一斉に攻撃をしかけてきました。大砲や戦車、ミサイルなど、あらゆる武器を使用しました。彼らは水、電気、人々の通信を遮断したのです。

兵士たちは民家を襲い、料理油を床にぶちまけました。冬のために食料を備蓄していた倉庫もめちゃくちゃにされてしまい、人々に食べるものは残されていませんでした。兵士たちは貯水タンクにも発砲したため、水も底をついてしまいました。

軍は街の病院も占拠しました。彼らが負傷者を指し示したなら、それはその患者の最期を意味していました。なので人々は病院に行く代わりにそれぞれの家で怪我の治療を行いました。死体は路上に放置されていたため、人々はその死体を、普段は野菜や果物を入れておく冷蔵室に保管しました。

軍はスナイパーを配置しました。スナイパーは動くものなら何であれ、たとえ動物であっても撃ち殺してしまうのでした。軍は街を区画に分け、チェックポイントをつくりました。彼らはあらゆる社会生活を阻害するため、街の中の移動を完全に遮断してしまったのです。街全体が凍り付いたようでした。恐怖が完全に街を包み込んでいました。子どもがこのような状況下に生きるということが想像できますか？　そういった子どもたちは将来、どんな社会的、精神的な問題を抱えることになるのでしょうか。

彼らは一三日間にわたり戒厳令を敷きました。その後、日に一時間か二時間ほどだけ、外出を許されるようになりました。私は警察に指名手配されていましたが、自宅以外の場所に留まり続けたので逮捕されることはありませんでした。戒厳令が解かれた後、私は自宅が彼らに強襲されていたことを知ったのです。彼らは家の中のものを全て壊し、私の息子とふたりの兄弟、そして四人の甥を逮捕しました。

息子は六カ月にわたり獄中に押し込められていました。彼はひどい拷問を受けました。私たちは賄賂を渡し、やっとのことで彼を解放することができたのです。誰かを刑務所に収監することは、凶悪なゆすり行為と同じことでした。両親が保釈金を払うことのできた収監者は解放され、そうでない者はそのまま朽ち果てていったのです。

**アブデル＝サメッド**　事業主（ダラー県アル＝ジーザ村）

政権はダラーの街を完全に壊滅させるために軍隊を送り込んだ。その日、近隣の村々では、どこもかしこもデモを行っていたよ。俺たちはその日のことを〝包囲を破る金曜日〟と呼んでいた。政権はデモに参加した全ての人々を逮捕してしまった。バスは連行された人々でいっぱいだった。その場から逃げ出すことのできた人々だけが逮捕を免れた。

その後、政権はハムザ・アル・カティーブ少年*の遺体を送り返してきた。彼は俺のいとこで、俺の息子によく似ていた。彼は拷問されていたんだ。彼の体は余すところなくタバコを押し付けられていた。体中痣だらけで、首は折れていた。性器も切断されていた。

彼の切り刻まれた遺体が返ってくると、人々は政権が彼にどんな仕打ちを行ったかを知った。そして人々は気づいたのだ、体制はすでに終わっていると。もはや政権に対するどんな信頼も残されていなかった。市民の代表団が政権の代表と会見をし、その代表は市民の懸念に対処すると約束したばかりのことだった。市民の声に応える代わりに、政権はこのようなプレゼントを贈ってきたのだ。これがやつらのやり方だ。「口をつぐめ、さもなくば、お前も同じ目に遭うぞ」というね。

それ以前はまだ、人々はいくらか希望を抱いていたよ。体制はきっと民衆の意見を聞き入れて、改革に取り組むんじゃないかってね。しかしハムザの一件で、政権は国民と正反対の側に立っていると人々は気づいたんだ。国を牽引するリーダーたちのやることといったら、人を殺して、殺して、殺して、殺して、殺しつくすこと、それだけなんだ。そしてその後また人を殺し、誰であろうと殺してしまう。それが市民だろうが子どもだろうが関係ないんだ。

政権は人々を恐怖のどん底に突き落とした。政権は人々にこう言い続けている。「我々はお前を殺すだけじゃ済まさない。お前の家族全員を殺してやる」と。他の国々では、政府は指名手配された人間だけを捕まえると聞いたことがある。彼の兄弟とか、母親や姉妹は関係ない。でもシリアでは、その対象の全ての家族、全ての隣人が糾弾され、標的にされてしまうんだ。

*政府の拘置所で殺害された一三歳の少年。拷問により激しく損傷した遺体の映像や写真がインターネットやメディ

アで出回ると、彼はシリア革命のシンボルとみなされるようになっていった。

**アダム** メディア・オーガナイザー（ラタキア市）

政権はそれぞれの地域ごとに異なった対応をした。ある地域では市民をなだめながら穏やかに対応し、ある地域では、例えばラタキアなどでは、革命初期から非常に厳しく弾圧した。それは巧妙に指揮された、悪魔のようなやり方だった。

ある夜、俺は激しい銃撃戦の音で目が覚めた。馬鹿なことに俺は、すぐに起きて車に飛び乗ると、銃撃戦の起きている場所を目指して走り出した。ラタキアの大きな広場に到着すると、そこには大勢のシャビーハがいた。当時、シャビーハは治安部隊や軍以外で唯一武装している勢力だった。やつらは一般市民だ。大抵はアラウィー派で、アサド家や他の有力な一族にコネがある人々のために働いている。やつらは望むことなら何でもやりたい放題だったし、それを止められる人間なんていなかった。

シャビーハに近づくと、彼らは全員地面に座り、空に向かって銃を撃っていた。早朝四時にもかかわらず、彼らはアサドを賞賛する歌を大声で歌っていた。ほとんどの人間が酔っぱらっていて、馬鹿騒ぎをしていたんだ。彼らはその場から立ち去らず、許可もなく発砲し始めた。その行為には目的があった。つまり政権はこう言いたかったんだ。「お前たちは今も我々の統治下にある。もし何か変なことでもしようものならぶん殴るぞ」ってな。

シャビーハの連中はアラウィー派を褒め称えていた。それから一〇分か一五分して、やつらはスンニ派の住む区域の一番大きな広場に移動し始めた。まるで護衛の隊列のような群衆が、人々を起こしながら、空に向かって発砲し、歌を歌って歩いていくんだ。どでかい筋肉質の男どもが、銃を見せびらかすようにしてね。それはまるで「他の地域で起きているような革命が、この街でも起こるなんて思うんじゃないぞ」と言っているようだった。

翌日、ラタキアで初めてのデモが行われた。金曜日の礼拝後、人々が「ダラーよ！　私たちはともにある！」と叫んだんだ。政権批判や政府の政策についてなんて何も言わなかった。なのに鎮圧部隊がやってきて弾圧しやがったんだ。

銃声が聞こえた。誰が発砲したかわからなかったが、俺はシャビーハのやつらだろうと確信している。やつらは怒りで爆発しそうだった。ある噂がその原因だと思う。世界中からジハード主義者がやってきて、アラウィー派をぶち殺そうとしているっていう噂が流れてたんだ。俺もその噂を耳にしたよ。俺はアラウィー派の多い地域に住んでいるからね。知ってるだろうけど、アラウィー派の多くはアサド政権を嫌っている。政権だってそんなことは知っていたと思うよ。でも政権にとって、アラウィー派のコミュニティは命綱なんだ。体制を維持するための根幹だったんだよ。

なので政権はデモの初日から、過激派がやってくると喧伝していた。それはつまり、「そんな過激派のテロリスト連中が権力を握ったら、どんなことになるか想像してみろ」ということだ。だからアラウィー派の人々は、完全に体制に従う他に選択肢はないと思った。その後政権スポークスマンのブサイナ・シャアバーンが、テレビに出演してこう言った。「過激派たちがシーア派と、他の何とか派とか、何とか派の間に争いを起こそうとしている」ってね。冗談だろ？　子どもたちは牢獄に入れられ、俺たちの政府はくそみたいなもんだってのに、シーア派だとかスンニ派だとか、そんなことを言い出したんだぜ？　俺は今回のことが起こるまでシーア派とスンニ派で何が違うのかすら知らなかったよ。だって誰もそんな違いなんて気にしなかったからな。勘違いしないで欲しいんだが、シーア派とスンニ派がずっと争っていることは本当だ。だけど当時、シリア国内でそんなことを問題にするような人間はいなかった。二〇一一年当時必要とされていたのは、人々が達成したかったのは、宗派の違いなんてことじゃなく、政治的改革だったんだ。市民が政治に関わり、本当の意味で携わり、国内に実際的な市民権を確立することなんだ。

権力を握っている連中は、この民衆の目標が、彼らの支配力を揺るがす脅威だと見て取った。やつらが権力を掌握し続けるために残された道は、問題を政治的改革から、シーア派やスンニ派、過激派間の争いへとすり替えることだったんだ。彼らはそれを演説や軍事力を行使して実行していった。そしてその武力行使にシャビーハを用い、やつらはコーランを燃やしたり、モスクに押しかけたりという行為を行うことになった。それらは争点をずらすための道具に過ぎなかったんだ。そして最終的に物事は、今俺たちが直面してる状況へと至ることになった。

今でも覚えていることがもうひとつある。ある夜、人々がそれぞれのバルコニーから「自由を、自由を！　神は偉大なり！」と叫び始めたんだ。彼らはフライパンや鍋を叩きながら、ただ叫んでいるだけだった。街のあちこちの路上には派遣された軍隊がいた。兵士たちは円形の隊列を組み、指揮官を中心に置いていた。彼らはその円から周囲のあらゆる方向にマシンガンを向けていた。俺は軍隊にいたことがあるから、この隊列が何を意味するかを知っていた。それは敵が全方位から攻撃してくるか、もしくはどこから攻撃してくるかわからないときに取るフォーメーションだ。追いつめられた最後の手段のような隊列だったんだ。

つまり兵士たちは、自分たちの街にいながら敵に包囲されていると思っていたんだ。でも何事も起きなかった。人々は叫んでいるだけだったのだから。

体制は派閥同士の対立を煽るためなら何だってやったし、彼らの間に毒々しい雰囲気をつくり上げる。その空気の中では誰も他人を信用できず、誰が操られているかも知ることができない。どの派閥にも敵がいた。例えばアラウィー派には過激派が、スンニ派にはシャビーハが、というように。路上にいる兵士たちにとっての敵は、イスラエルだったり、誰であれ、敵だと言われたやつらだった。そうした状況が物事をエスカレートさせていった。文字通りそれは体制に後押しされて作り出された状況であり、軍隊はそれと深く関わっていた。

**カリーム**　医師（ホムス市）

四月一六日、ホムスには座り込みを続ける人々がいました。ある軍人が市民を排除しようとやってきましたが、人々は応じませんでした。すると軍人は発砲し、一七人が殺されました。人々はその遺体を私の勤務している病院まで運んできました。それは今まで見たこともないような光景でした。

翌日、その犠牲者たちの葬儀が執り行われ、何千人もの人々が参列しました。葬儀が終わっても人々は解散せず何かを求めていました。そして人々は叫び始めたのです。「広場へ！　広場へ集まれ！」と。それは自発的な反応でした。そこには怒りが充満していたのです。人々は向きを変えると、街の中心にある時計台広場へと向かっていきました。

人々が広場に集まってくると、さらにたくさんの人々が加わってきました。商店は全て閉まっています。人々は広場にテントを広げ、飲み食いを始めました。彼らは歌を歌い、スピーチを始めました。夜が来て、人々はそこで寝ることに決めました。誰もが、この機会を逃してはいけないと感じていたのです。この広場は市民の広場であり、私たちは体制が崩壊するまでこの広場に居続けるべきだと感じていました。

治安部隊が近くまでやってきて、人々が座り込みを続けている場所を一掃すると決めました。市民の代表が、まだ政権と交渉を続けている最中のことでした。つまり政権は市民を裏切ったのです。私はそのとき、三キロ離れた自宅のベッドで寝ていました。物凄い音で目が覚め、初めは豪雨だと思いました。ところが窓から様子を窺うと、それは銃撃の音だったのです。

治安部隊が広場を急襲したのです。人々は虐殺されていました。私は病院に電話をし、私の元に救急車を手配するようにと伝えました。家から広場に向かう道で見た光景は異常なものでした。ホムスの住人全員が路上に出ていたのです。人々は何が起きているのか知りませんでした。人々は恐れおののき、走り回っていました。

治安部隊が救急車に発砲したため、負傷者をひとりも運び出すことができませんでした。わずかひとり、ふたりの怪我人だけがその場を逃れ、病院へと逃げることができました。私たちはその場に座り込み、泣いていました。その場にいながら、何もできることがないのです。人々はどんどん死に絶えていき、私たちは彼らの元に近づき、応急処置をすることすらできなかったのです。

翌朝、人々は広場が綺麗さっぱり洗い流されているのを見ました。そこにはどんな痕跡も残されていませんでした。治安部隊は人々を連れ去り、犯罪の証拠を消し去ってしまったのです。残されているのは周囲の建物の壁に残された弾痕だけでした。

　この事件はホムスにとってターニングポイントとなった出来事でした。人々はもう以前の日常には戻れないと感じていました。それまでは、引き返せない確率はせいぜい五〇％といったところでした。今では一五〇％、もう後戻りはできなくなりました。

**アブデル＝サメッド**　事業主（ダラー県アル＝ジーザ村）

　デモは自然に起きたものだった。人々はただ怒りに身を任せていたんだ。それからしばらくして、人々は組織立って活動する必要性を感じ始めたんだ。

　デモが始まってから二週間目には、そういった組織活動が見られるようになった。地域の重要人物や、気力や意気込みに溢れた人々が集ったんだ。彼らは特定の任務をこなすいくつかのチームに分かれた。ある人々はメディアから働きかけた。ある人々はデモを企画し、いつどこでデモを行うかを計画した。デモで話されるスピーチを考える人間もいれば、スローガンを考える役割を持つ者もいた。デモはテレビを通じて全世界に配信されるから、それに相応しいメッセージを届ける必要があったんだ。ある人は音響設備を整えた。ステレオスピーカーは街にひとつしかなかったから、それを治安部隊に押収されないように隠しておくことは非常に大切なことだった。デモの安全管理を担当する人々もいた。考えなければいけなかったことは、もし体制が攻撃をしかけてきた場合、どうすれば犠牲者を最少に抑えることができるかということだった。

各村々でもミーティングが行われた。同時に俺たちは、他の街や村で、同じようなことを行っている人々と連絡を取り合っていた。こうして俺たちはお互い知り合いとなっていった。

**イブラヒム**　元大学生、コンピューター科学専攻（ハマ県の村）

どの地域にも、スローガンを叫ぶ人や、メッセージボードをつくる人、写真を撮影する人など、それぞれの担当者がいました。ある人々はその区画の入り口に立って見張りをし、警察を見かけたら即座にみなに逃げるよう知らせました。

僕たちはデモの様子をビデオに撮り、インターネットにアップロードしたり、配布したりした後、元データを消去しました。逮捕されたときに、証拠となるものを持っていないようにするためです。僕たちは抗議活動用のコードネームで連絡を取り合っていました。それは誰かが逮捕され、他のメンバーの情報を供述するように強いられても、メンバーの本当の素性を明かすことはできないようにするためでした。

初めは、各地域のデモは違った名前で呼ばれていました。その後人々は連帯し、シリア全土で行われるデモを、ひとつの同じ名前で呼び始めたのです。それによって抗議活動はよりパワフルに、意義深いものとなっていきました。

ハマの女性たちは、最初は抗議活動へと出てきませんでした。しかし、しばらくすると彼女らも参加するようになり、重要な役割を担うようになっていきました。ある女性は僕たちの旗*をつくるために裁縫をしました。もし体制が彼女を捕まえたら、彼女は虐殺されてしまうでしょう。彼女はその仕事で報酬をもらうことを一切拒否しました。彼女はアラビア書道〔アラビア文字を用いた文様風の書道〕にも長けていたので、スローガンを美しい横断幕にしてくれました。ある男が横断幕を受け取り、地域の活動家だけが知ることのできる場所に隠しておきました。もしそういったものが誰かの家にあると知られれば、その家の家族全員が危険に晒されてしまうからです。

＊二〇一一年の後半、抗議運動は独立直後のシリアの旗を用いることにより、アサド政権から離反する意思を示した。反政権側の旗は、緑の帯に赤い星が記されている。それは赤い帯に緑の星を持つ現政権の旗との差異を表している。

**アブー・タヤール**　航空エンジニア（ダラー市）

革命運動が起こってから数日の間は、私たちはあまり警戒をしていませんでした。私たちはデモで怪我をした人々を、政府の運営する病院へと運んでいました。朝、私たちが脚に銃創を負った怪我人を病院へ連れて行くとします。しかしその夜病院へ戻ると、私たちは、彼が頭に銃撃を受けて死んでいるのを発見することになるのです。患者たちはみな死んでしまい、政府の人間はその家族に、息子はテロリストに殺されたのだと言わせました。

なので私たちは野戦病院を作ることにしました。私の友人が自宅を寄贈してくれて、そこを怪我人を助けるための場所に作り変えたのです。そこには医師、看護師がおり、若者たちがボランティアとして手伝ってくれていました。もし政権が彼らを捕えたら、彼らは殺されてしまうでしょう。

病院に運ばれてきたときには、すでに怪我人が息絶えていることもありました。目の前で人々が亡くなっていくときも、私たちには出血を止めるための包帯もなく、為す術がありませんでした。患者が夜に息を引き取ると、私たちは朝が来るまで遺体を土に埋めることができませんでした。電気が切断されていたため、遺体を冷やしておく氷も十分に確保できず、遺体はひどい臭いを発していました。
ジャバールという男性がいたのですが、彼の仕事は街中を駆け回って氷を見つけてくることでした。彼はオートバイを持っており、氷を探すために、かなり遠くまで行くこともよくありました。その後ジャバールは殺されてしまい、彼のための氷を見つけることはできませんでした。

**ブシェル** 映画学校学生(ダマスカス)

僕らは地域住民で助け合う委員会を設立した。当時、政府がインターネットを切断してしまったため、僕らは衛星携帯電話を手に入れて、それでインターネットに接続することにしたんだ。僕はその地域委員会に、衛星携帯電話を隠すように頼まれた。それはとても危険なことだった。僕ひとりじゃ決断できなかったから、電話を家に隠すことについて、家族みんなに相談することにした。みんな同意してくれたよ。

ある活動家が衛星携帯電話を僕に送ってきて、それを他の活動家のところに届けるようにと言われたことが二度あった。僕は電話の送り主も、受け取った活動家も、その本当の名前は知らなかったし、彼らも僕の名前は知らなかった。僕に携帯電話を送ってきた活動家は、電話の前に必ずメールを送ってくることになっていた。あるとき、メールによる事前の通達もなく、一〇分後に僕に会いたいと彼が電話してきたことがあった。どうするべきか僕にはわからなかった。僕は他の活動家の友人に電話をしたが、彼女は電話に出なかった。僕は電話をくれた活動家に会いに行こうと決め、ちょうど外に出た瞬間、彼女から折り返しの電話がかかってきた。彼女はこう言った。「気を付けて。その活動家は一週間前に連行されている。政府の連中が彼の携帯を使ってあなたを罠にはめようとしているのかもしれない」。僕は他の友人に、彼との待ち合わせ場所を確認しに行ってくれるように頼んだ。彼はそこで、六人の治安部隊の兵士が待っているのを見つけた。

僕の母さんはいつも勉強に厳しかった。あるとき、祖母が母さんにこう漏らしているのを耳にした。「あなたの息子は集中力が欠けている。もう高校卒業も間近で、テストも迫っているというのに」。母さんはこう言った。「わかってます。けれど彼のしていることを否定するわけにはいきません。私は彼の父親がどうやって牢獄に連れ去られてしまったか、今でもはっきりと覚えています。私たちは闘争を続けなければいけないのです」。僕はその言葉を聞いてとても頼もしく思った。「わお！　お母さん、大好きだよ！」と叫びたいほどにね。

それからしばらくして、治安部隊が僕を探しにやってきた。僕は裏部屋に隠れていた。母さんはドアを少しだけ開けると、「あなたたちを家に入れるわけにはいきません。私は今ひとりで、頭にスカーフも被ってないのですから」と言った。僕はそのときパニックに陥っていて、どうやって壁をよじ登って窓から逃げようかなんてことを考えていた。なのに母さんときたら、全く動じることもなく、僕は友人の家に勉強しに行ったと、彼らが家に入るのを拒み続けたんだ。将校たちは僕にオフィスまで電話をかけてくるようにと伝言を残して去って行った。母さんはその間、ずっと落ち着いていた。いったいなぜそんなに冷静でいられたのか、僕にはさっぱりわからないけどね。

**アイハム**　ウェブ開発者（ダマスカス）

民衆運動の印象を悪くする、組織的な活動が行われていた。デモの群衆が街を練り歩くと、いつも決まって警察が後ろからついてきて、窓ガラスや街灯を割って歩くんだ。スプレーで落書きを残すとだってある。YouTubeを見れば、そんな様子はいくらでも見つけることができる。ところがやつらは、その壊された公共物をテレビに映してこう言うんだ。「これが彼らの求めている自由なのです。国を破壊し、宗教を冒瀆することを自由と呼んでいるのです」とか何とか、ね。

「僕らが自由と呼んでいるものとは、いったいどんなものなのだろう」。その答えに、僕らは常に頭を悩ませていた。だからこそ、その意味をはっきりさせようともがいていたんだ。ゆっくりと、しかし確実に個々の努力が実を結び始めていた。僕の兄弟は彼の通っている大学の調整委員会の一員だった。彼らはパソコンなど、近代機器をつかったクリエイティブな活動を得意としていた。彼らはYouTubeにチャンネルを立ち上げ、民衆が最も求めているものとは何か、という番組をつくったんだ。彼らは番組内でこう言った。私たちが求めているのは発言の自由だ。私たちは刑務所に入れられている政治犯の解放を望む。なぜなら彼らはリーダーの素質を持った人々なのだから。私たちはシリアの憲法修正第八条を破棄したい。なぜならそこには、バアス党のみがこの国を統治する党だと書かれているのだから。バアス党が常に国会の多数を占めており、大統領になれるのもバアス党からだけだというのなら、政党結成の自由なんてないも同然なのだから。

僕たちは他の問題にも直面していた。「現体制に代わる政権とはどんなものだろう？　もしそれがアサドによるものでないとしたら、誰がそのポジションに取って代わられるのだろう？」。それは馬鹿げた質問だった。誰であれ、この国で起きていることに対して発言をしようものなら、その人は刑務所に押し込まれてしまうのだから。政権は活動のリーダーたちを根こそぎ刑務所にぶち込んでおいて、この活動にはリーダーがいないと言ってのけるんだ。全く、みんな逮捕されてしまったというのに、どうすればリーダーの存在に期待できるっていうんだ。

**ムスタファ**　床屋（ハマ県サラミーヤ）

私はサラミーヤの出身で、シーア派の一派であるイスマーイール派に属しています。イスマーイール派は歴史を通じて迫害され続けてきました。個人的には、私は無神論者でマルクス主義者でした。けれど町の床屋として、私は意見の異なるあらゆる人々とうまくやってきました。

私たちは地域調整委員会を立ち上げました。そこでは適切な場所に適切な人材を配置していました。その人事に年齢や教育水準、社会的な地位などは関係なかったのです。それはシリアの社会が決して後進的な社会でなかったことの重要な証拠になるでしょう。人々は民主的な社会を生きるのに十分な準備ができていたのです。マルクス主義者である私たちは、常に民衆が自治を獲得することを夢見てきました。市民の声がボトムアップで国策に反映され、ヒエラルキーのない世の中になるようにと。

体制は、どんな世俗的な集団とも争っていることを認めませんでした。なので私たちが大きなデモを開始したとき、政権は怒り狂ったのです。サラミーヤはシリア全土に大きな影響力を持っていました。そのデモによって、人々は政府のプロパガンダは全くの嘘っぱちだと気付くことになったのです。スンニ派が多数を占めるダラーでデモが行われました。そして多様な宗派が混在するバニヤスでも。

そしてサラミーヤ、そこは左派の少数派が住む街として知られているのですが、ここでもデモンストレーションが行われたのです。人々は同じスローガンを掲げ、同じ政治的主張をし、同じ自由を求めていたのです。それはサラフィー主義者〔イスラム初期の原則や精神への回帰を目指す思想を抱く人々〕や外国の工作員による破壊工作ではないのです。それは市民による革命でした。

四〇年にわたり、体制は人々を宗教や宗派の違いによって分断してきました。例えばサラミーヤには少数派の人々が集まり、ハマには多数派の人々が集まって暮らしていました。お互いが憎しみ合うように分断されていたのです。しかしハマが爆撃され、何千人もの人々が避難を始めると、私たちは彼らを私たちの家に招き入れました。

それから数カ月して、政権はサラミーヤへ大がかりな攻撃を開始したのです。人々は通りを歩いていても、自宅にこもっていても逮捕されました。私を含めた一五人の仲間たちは、ダマスカス近郊に逃れました。そこはイスラム文化が根強い地域でした。信心深い人々の住む地域でしたが、人々は少数派である私たちのために扉を開いてくれました。彼らが私たちに払ってくれた敬意は驚嘆に値するものでした。私たちがデモへと出かけるとき、地元の人々は私たちを群衆の中央に入れてくれました。治安部隊の銃撃から守るためです。

**ムサ**　大学教授（アレッポ市）

概して、体制は街の動向に気を配り、抗議活動が起きたりしないよう、厳しい監視を張り巡らせていました。スパイ活動に協力する人間を見つけるのも簡単なことでした。例えばあるとき、急にアレッポ中に露天商が増えたことがありました。特にスイカ売りが多かったのですが、彼らはシャビーハからお金を受け取っているのです。スイカ売りはナイフで武装しており、何か事が起こったときには抗議活動に参加する市民を攻撃するよう言われていました。その結果、数百の市民が集まる抗議活動に続いて、数百の逮捕者が出るということも起こりました。体制が事前に抗議活動の計画を知っていて、わざと泳がせていることもありました。その抗議活動の裏にはどのような人間がいるかといった情報を集めるためです。

大きな街で誰もが知り合いというわけにはいきません。もしある若者が警察に追われていたとしても、街中にある店のどれかに安易に逃げ込むなどということはできません。店主が体制のスパイかもしれないと考えると、恐ろしくてそんなことはできないのです。田舎では、ほとんどの人間が知り合いのため、都会よりも簡単に逃げることができます。それに彼らは口伝えで情報をやり取りできたので、抗議活動の場に治安部隊が来る一時間や二時間前には、逃げおおせることができたのです。

**ガイス**　元大学生、経済学専攻(アレッポ市)

アレッポ大学でデモが最高潮に達していた時期、女性たちは非常に重要な役割を果たしていた。頭にスカーフを巻いた女性たちが、そのロングコートの下に文書や看板を隠してたんだ。そこは誰にも調べられないところだからね。男子寮では数多くのデモが行われていたから、当局は寮を閉鎖してしまった。女子寮は閉鎖されずに済んでいたので、女性たちは人々を組織したり、男たちに情報を渡す役割を担っていたんだ。もしデモを行う人々が治安部隊に攻撃されたら、女性たちはその間に割って入って立ちはだかった。その時点では、治安部隊も女性に手を出すことはご法度だと認識していたんだ。とてもたくさんの女性たちが救出のために来てくれた。

本当に多くの人々が刑務所に連行された。僕たちは、投獄された人々の家族のために何かできないかと考えたんだ。例えば、子どものためにミルクを買うとか、そんな小さなことでもね。僕たちは、投獄された人々の家族を自分たちの家族のように思っていた。残された家族を助けるのは僕らの義務なんだ。僕の兄はその活動に熱心だった。あるとき、兄がそういった家族に差し入れを持って行ったら、その様子が目撃されて情報機関に密告されてしまった。彼は二度尋問のため連行されたけれど、それまでにすでに、デモに参加したことで一カ月も牢獄に入れられていた。だから兄は彼の妻と子どもを連れて国外へ脱出してしまったよ。

**アイハム**　ウェブ開発者（ダマスカス）

ダマスカスは極度に体制に支配されていた。秘密警察はいたるところにいた。まるで『ゲーム・オブ・スローンズ』に出てくる男のようにね。だけど僕らにとって本当に魅了されるほど素晴らしかったのは、ある時期から、そんなもん屁でもないと思うようになったことだよ。僕たちは確かに政権を恐れていたけれど、それ以上に興奮していたんだ。長年ずっと抑圧されていたのに、それがある日突然、パカッと蓋が開いたんだ。自由にものごとを喋ることができるっていうのは、なんて魅力的なことなんだ。

誰もが現体制はラマダン月の間に崩壊するだろうと話していた。なぜなら、いつもは金曜日だけ礼拝のために集まるけれど、ラマダンの時期は毎晩集まるんだからね。熱気はどんどん高まっていった。ラマダン月の二七日目は聖なる日で、みんなひと晩中起きていて、祈りを捧げたり、コーランを読んだりするんだ。毎年五〇〇〇人以上の人々が僕の家の近くのモスクに集まった。近隣のボランティアたちが、夜明け前の食事の用意に集まってきた。僕は祈らないけれど、いつもその食事の準備には参加していた。それはとても美しい行事だったんだ。

人々が集まってきた。多くは老人たちだったけれど、そこに、変な髪型にピアスをした若者たちが入ってきた。彼らは何をすればいいのか分からない様子だった。若者の何人かは、モスクでは着るべきじゃない短い丈のズボンをはいていた。彼らはなんとかモスクの人々に敬意を払おうと、半ズボンを足首まで下げようと必死だったが、そうすると今度はおしりが出てしまっていた。それは、ダマスカスに住む多種多様な人々が織りなす社会を表す、とても美しい光景だったよ。

何千もの治安部隊の兵士たちがモスクの周囲を取り巻いていた。まるで『アーサー王』のワンシーンのようだったよ。彼らは両手に棒と盾を持って、しかめっ面で立ち続けていたんだ。僕らは食事の準備をしながら、外にいる連中にも食事を持って行ってあげるかどうか、長い議論をした。多くの人は、そんなことはしなくていいと言った。他の人々は、食事をあげることで、僕たちが危険な存在ではないことを示せるのではないかと言った。外に立っている兵士たちはみな若者だった。彼らは僕たちと変わらない人間で、兵役に就いているだけなんだ。

三、四人の勇気ある人々が、外にいる司令官に食事を詰めた箱を持って行った。「平和的な交流のために来ました。この食事はあなたたちのものです。あなた方は一晩中ここに立っているのですから」

と彼らは言った。司令官はこう返答した。「その食事を持ってモスクの中に帰れ。さもなくば殺すぞ」。

礼拝が始まり、イマームは「神よ、我々を傷つけるものからお守りください」と言った。人々は「アーメン！　アーメン！」と叫んだ。それは宗教的な言葉だけれど、ほとんどの人は宗教について何も知らなかった。それでも、彼らは体を震わせ涙を流していた。僕は祈りそのものは信じていなかったけれど、祈りが感情を高ぶらせる力を持っていることは信じていた。それがどんな状況だかわかるかい？　君がある理念を心から信じているとして、同じくそれを信じる人々とともにいるということを。周囲には危険が迫っていたけれど、そんな状況で君は恐怖を感じるだろうか？

礼拝が終わり、沈黙が訪れた。そのとき、ある人が「自由を！」と叫んだんだ。他の人々も立ち上がり、肺の空気を全部吐き出すように叫び始めた。老人たちは彼らの靴をつかむと逃げ出し始めた。

こうして大混乱が始まった。全てが争いへと変わっていった。兵士たちは石を投げ始めた。そこで私たちは重大なミスを犯したことに気が付いたんだ。誰かが食事のためにジュースを差し入れしてくれていた。それはガラス瓶に入ったものだった。人々はそのガラス瓶を兵士たちに向かって投げ始めた。ガラスの砕け散る音が響き渡った。

政権はあちらこちらにスナイパーを配置していた。中庭にいたある男が頭部を狙撃された。人々は慌てて建物の中へと逃げ込み、その後を追って警官隊がなだれ込んできた。二階のバルコニーにも人々がいた。もし捕まれば、逮捕されるか殺されてしまう。人々は逃げようとしてあちこちから飛び降りたり、カーテンにしがみついたりと必死だった。全てが破壊された。

建物の内部にこもっていた僕たちは、ダマスカスの有力なイマームたちが警察の長官と交渉していると耳にした。日が昇り、やっと外に出ても安全だと言われた。モスクの扉を開けると、警官たちが「アサド！　アサド！」と叫んでいた。彼らはモスク前の広場はもう安全だと言った。しかし僕らが通りを渡ったとたん、やつらは僕たちを追ってきたんだ。僕はかつてないほど必死に走って逃げたよ。

**アブー・フィラス**　自由シリア軍兵士（イドリブ県マアッラト・アン＝ヌウマーン）

私の弟はシャビーハによって誘拐された。一八日後、拷問の末に殺された彼の遺体が送り返されてきた。どれほどの拷問を受けたか、きっとあなたにはわからないだろう。彼の足の爪は全て剝がされていた。骨にはドリルで穴が開けられていた。痣と火傷の痕があった。鼻は強く殴られ、真っ平に潰れていた。

私たちは彼を埋葬した。それから三カ月して、刑務所から出てきたばかりの男たちが私たちに連絡を取ってきた。弟は本当はまだ生きていると彼らは言った。その男たちは監獄の中で弟と一緒だったという。私たちが埋葬した遺体は別の誰かのものだった。その遺体はひどく損傷しすぎていて、いったい誰の遺体かすらも判別できなかったのだ。

**シャフィック**　ビジネススクール卒業生（ダマスカス郊外県ダラヤ）

僕たち二二人は、ダラヤのデモンストレーションを組織する役割を担っていた。そのうち今でも生きているのは、たったの三人だ。僕らはそれぞれ二〇ドルずつ出し合って、フラッグやポスターをつくる材料を買った。水曜日と木曜日に計画を練り、金曜日にデモを行うんだ。

五月下旬、治安部隊がダラヤに攻撃をしかけた。彼らは電話線を切り、携帯電話やインターネットの回線も切断した。彼らは家々に押し入り、若い男を見つけ次第連行した。そのため僕も兄弟たちも、家を離れざるを得なくなってしまったんだ。僕らは畑の広がる地域に潜伏していた。

僕らは治安部隊との衝突を避けるために、金曜日の抗議活動を諦めた。その晩までには、治安部隊もまた、僕らの兄弟なのだと思うことにした。流血は避けたかったんだ。デモとは違った平和的な方法で、政府に僕らの存在を示そうと考えた。壁にスローガンを書くこともあったし、ろうそくを手に一晩中集うこともしたよ。

そして再び政権が街を包囲した。彼らは夜中の三時に僕らの家を急襲した。兵士たちは家を破壊し、母と父に向って、お前のテロリストの息子たちを探していると罵った。

僕たちはまた計画を練り始めた。ある夜、会議の後、僕の弟が家へと様子を見に戻った。治安部隊が待ち伏せしていて、彼はその場で捕まってしまった。その後、治安部隊の連中は父を呼び出すと、弟を解放してもらいたかったら代わりに僕を差し出せと言った。僕はそれ以来、極力家に帰らないようにした。

知人が僕をかくまってくれていた。ある朝、ドアをノックする音がした。それは治安部隊の兵士たちだった。僕は裏口から逃れて隠れようとしたが、ひとりの兵士がそれを見抜いていた。それまで僕は、一度も捕まったことがないことを自慢にしていたけれど、その自信は砕かれ、ついに捕まってしまったんだ。

僕は尋問にかけられ、彼らはあらゆる方法で僕を殴った。尋問所で僕らは素っ裸にされた。役人たちは罵り、唾を吐いたが、僕らは実際には屈辱よりも尊厳を感じていた。僕らは何もできなかったが、「自由を」と言うことはできた。たったそれだけのことでも、体制全体を驚かせ、混乱させるには十分だった。僕にとって、それは勝利だったんだ。

その後僕は独房に放り込まれた。自分自身に強く在れと言い続けた。理想のために行ったことだし、ふたりの息子を連行された母には、常に神のご加護があると信じていた。一般の人々にとって、逮捕された人間は、解放されるまでは死んだとみなされていた。

独房の中では、他の人々が拷問をされている音が聞こえてきた。拷問を受けている人はずっと叫び続けていた。取調官は拷問室ごとに三種類の違うベルを鳴らした。僕らは長いこと牢獄にいたので、そのベルがそれぞれ、どの拷問室を意味するのかを知っていた。ひとつ目のベルは〝タイヤ拷問室〟＊だ。もうひとつは〝電気ケーブル拷問室〟、そして三つ目が、最もひどい拷問を行う部屋だった。そこで彼らは囚人を殺す寸前まで拷問にかけるけれど、殺しはしない。囚人は死んだほうがましだと思いながら拷問を受け続けるんだ。

独房と廊下を隔てる扉は金属でできていて、そのまるで映画に出てくるような大きく軋む音が聞こえるたびに、「今度は自分が拷問される番だ」と思うんだ。そして他の囚人たちもみな、「自分の番だ」と思い恐れおののく。牢獄に響く物音は拷問そのものよりも堪えるものだった。そういった物音は違った方法でからだの奥底まで響いてくる。まるで音そのものに殺される思いだった。

ある日、最悪の拷問室のベルが鳴り響いた。そして彼らは僕の独房にやってきた。彼らに引きずられて拷問室へと続く廊下を進む六〇秒ほどは、刑務所で過ごす中でも最も耐えがたい時間だった。その部屋に放り込まれたのは、まるで一年も昔のことに感じられた。目隠しをされていたけれど、足音が僕の周りをぐるぐる回っているのが聴こえていた。取調官は何も言葉を発さなかった。沈黙のまま一五分が過ぎ、僕はもう耐えられなかった。僕はついに、「聞きたいことならなんでも白状する！お願いだから何か聞いてくれ！」と叫び、床に崩れ落ちた。

取調官が僕を殴り始めたとき、やっと沈黙から解放されて安心した。取調官は僕をタイヤの輪の中に押し込み、打ち据える回数を数えていた。五七回まで数えて僕を殴った後、彼は五八回ではなく六〇回とカウントし、「しまった、数え間違えちまった。また最初からやり直しだな」と言った。彼は電気ケーブルで僕を殴り始めた。つま先から胸まで、打ち付けられないところはなかった。あそこだって、当然殴られた。もはや何の感覚もなかった。そしてついに、意識を失った。

尋問が終わった後、大部屋の牢獄に移された。そこでは二×四メートルほどの部屋に、五二人もの囚人が押し込められていた。全員が横になるにはあまりにも狭すぎたので、僕らは順番に寝る時間と立っている時間を交代した。誰もが他の囚人を怖がっていた。誰かが拷問にかけられたとき、他の誰かが言った言葉を漏らしてしまうかもしれないからだ。後にわかったことだけれど、牢獄の中にいたある男は、実は僕らの情報を集めるためのまわし者だったのだ。

同じような毎日が過ぎていった。朝殴られ、そして夜また殴られる。牢獄から連れ出され、殴られ、また牢獄に戻る。一日に二回しかないトイレの時間にも慣れてしまった。一〇秒で全てを済ませないと殴られた。食料は常に不足していたから、僕らは協力して食料を分け合った。牢獄の中では、エンジニアだろうが医師だろうが、みな平等だった。ある意味では、それはとても美しいことだった。同時に、悲しいことでもあったけれど。僕らみたいな若者は、お年寄りの代わりに殴られることを買って出た。

僕は両親の顔すら思い出せなくなっていった。

ときどき僕は、この数年で人知れず消息を絶った人たちのことを考えた。僕は五〇歳以上の人間に対して悪態をつかずにはいられなかった。なぜあんたたちの世代はやつらの支配を許したんだ？　あるとき、僕はナショナルジオグラフィックの番組でサルの特集を見た。あるサルが、何度も木に登りバナナを取ろうとする。それを監視員が叩き、サルは引き下がる。サルはそれでもまた木に登り、また叩かれて引き返す。何度も、何度も。他のサルはその様子を見て、木に登ることすらしなくなる。食べものがなくなったサルたちは土を食べ始める。バナナが目の前にあるにもかかわらず。一カ月もすると、バナナを見ただけでサルたちは恐れおののくようになるんだ。

僕の父はハマの大虐殺について一切語らなかった。父は怖かったのだ。そんなことをしたら、政府の密告者にみつかり、家族もろとも消されてしまうだろうと。二〇〇六年、シリアにインターネットが導入された。ウェブ上の記事で僕らは、ハマの大虐殺や政治犯について知ることになる。こうして僕ら新しい世代は、いかに今の体制がひどいものかということに気づいていった。僕らは、なぜ僕たちがバナナを手にしてはいけないのか知りたかったし、ついには自ら手を伸ばし、バナナを求めるところまで達したんだ。僕らはその先に素晴らしい未来が待っているものだと思っていた。しかしそれは馬鹿げた罠だった。バナナは僕らの面前で爆発したんだ。

監獄に入れられてから九〇日後、僕は裁判所へと連れて行かれた。そこにいる人々はみな清潔で、きれいな服に身を包んでいた。僕はというと、髪も伸び放題で、まるで洞窟から這い出てきた原始人のようだった。裁判官は情け深い人で、僕を解放してくれた。僕はついに牢獄から出て、日常へと戻ることができたんだ。僕はみんなの待っている階下に降りて行った。たくさんの人々がキスで出迎えてくれて、目の前が見えないほどだった。僕がまずしたことは、父に会って、いまだ弟が牢獄の中にいるかどうか聞くことだった。彼はまだ獄中にいた。とても辛い事実だった。なぜ僕だけ解放され、彼は解放されなかったのだろう？

僕らは車で家へ帰った。母とおば、妹たちが通りまで迎えに出てくれていた。僕らはみんな泣いていた。僕は何とか泣かずに自分を保とうと努めたが、無理だった。それから毎日来客があった。いったいなにがあったんだ？　どんな拷問を受けてきたんだ？　僕はそういった質問にあまり答えなかった。誰もが、大切な人を牢獄に残しているのだ。そんな人々の悲しみをこれ以上大きくしたくなかったんだ。

少しずつ、僕はまた活動を開始しなければという思いが固まってきた。母は反対し、口論になった。僕は言った。いまだ獄中に捕えられている弟のためにも、僕は外に出て、活動を続けなければいけないのだと。

多くの状況が変わっていた。体制の弾圧によって、デモに参加する市民の数はかなり少なくなっていた。僕らは、そんな市民がまた活動に参加してくれるよう努力を続けた。リーフレットを撒いてはその場から逃走した。風船も飛ばした。牢獄に入れられている政治犯の写真も、街中の家々のポストに投函した。彼らは僕らの自由のために戦い、投獄されているのだという文を添えて。

ある日、通りを横切ったら、そこにまた治安部隊の役人がいた。彼らは僕を車に押し込み、情報機関の元へと拉致したんだ。彼らは僕を殴りながらこう言った。「お前は監獄にぶち込まれていたんだろう？　それなのにまた抗議活動に戻るのか？　そんなことをしたらどうなるか、十分教えたはずじゃなかったか？」。

全ての古い記憶が濁流のようによみがえってきた。初めて逮捕されたとき、僕はこれから何が起きるかを知らなかった。二度目の今は、そのときよりも耐え難かった。なぜならこれから何が待ち受けているか、すでに知っているのだから。

四日間にわたり、僕は殴られ続けた。そして突然、役人がこう言った。「もういいだろう。帰れ」。彼は僕を家まで送り届けた。僕は信じられなかった。

数日後、治安部隊の車が家の近くにいるのを目撃した。連絡を取っていた友人が言うには、彼らは僕の家を訪れる友人たちを逮捕するために待ち構えているのだという。もし彼らが友人たちを逮捕できなかったら、彼らはきっとまた僕を逮捕するために戻ってくることだろう。

彼らは僕をエサとして利用しているんだ。まるで魚をおびきよせるためのミミズのように。僕は友人たちに、僕の家に近づかないようにとメッセージを送った。そして僕はレバノンへと逃れることにした。僕は役人に賄賂を払い、国境を通り抜けた。

＊拷問の一種。体を腰で折り曲げ、脚と胴をタイヤに押し込め、殴る。

**ビラール**　医師（ダマスカス郊外県ハラスタ）

私たちは地下牢の暗闇の中にいて、何も見えませんでした。見張り番が交代するタイミングで、今が朝なのだとわかるのでした。そうでなければ、今が昼なのか夜なのか、さっぱりわからなかったことでしょう。

私たちの牢獄には八〇人もの人々が詰め込まれていました。栄養も足りず、私たちはみな骸骨のようでした。人々は常に具合が悪く、みんな目の感染症を患っていました。私は医師として、できる限りのことをしようと思っていましたが、できることは多くありませんでした。私が彼らに言えるのは、「トイレに行くときに、なるべく流水で目を洗うように」ということだけでした。

ともに牢獄で暮らす人々は、私に敬意を払ってくれました。なので私は小さな入り口の近くの場所を譲ってもらっていました。そこはわずかとはいえ、外の空気を吸えて、廊下の光を見ることのできる場所だったのです。私たちの牢獄は女性たちの牢獄のすぐ近くでした。看守たちは時々、ある特定の女性の名前と出身地を呼び、連れ出しました。彼らがその女性を強姦していたのは明白です。ある役人のシフトの日だけ、決まって彼女が呼ばれていたのですから。牢獄の小さな窓から彼女の姿が見えました。まだ一六歳ほどの彼女は、とても弱っており、惨めに見えました。彼女は頭にスカーフを巻いていましたが、彼らはそれをひったくりました。

私たちの牢獄にはユセフという男性がいました。彼はいつも泣いてばかりいましたが、その理由は話しませんでした。三、四カ月して、ついに彼は自分の過去を話してくれました。彼はダマスカスの市役所でドライバーとして働いていました。ある夜、政府の役人は彼に空港の側の土地に大きな穴を掘るように命じました。そこに、死体で満杯の車が到着しました。ユセフの仕事は、その死体を穴へと押し込み、埋めることだったのです。彼らは遺体のＩＤカードも一緒に穴に放り込んでしまったので、彼らの身に何が起こったのか、誰も知る由もありませんでした。彼らは単に消えてしまったのです。

ユセフがある女性の遺体を穴へと押し込もうとしたとき、その女性の体が動きました。彼女はまだ生きていると彼は気づき、彼女を脇へと寝かせておきました。役人がやってきて、「その女も穴に放り込め、さもなくば代わりにお前を放り込むぞ」と言いました。ユセフにできることは何もありませんでした。彼は彼女を穴に押し込め土を被せました。やがて悪夢を見るようになり、逃亡を試みました。彼は指名手配され、最終的にはチェックポイントで捕まり、監獄へと連行されたのです。

ユセフはしばらく私たちの牢獄にいて、あるとき役人に連れ去られていきました。どこに連れられていったのかは、わかりません。

**オマール**　脚本家（ダマスカス）

父が投獄されたとき、私は生後四五日でした。そして父が解放されたとき、私は一〇歳になっていました。父と私の関係は、いつもぎこちないものでした。子どもだった私にとって、監獄の中の生活が、いかに父の精神を破壊してしまったのかを理解するのは難しいことでした。

そして私が投獄されたとき、そこはあらゆる意味で地獄であるということを知りました。恐ろしい、本当に恐ろしい場所なのです。もし人生に何か醜悪なものがあるとすれば、それは私の収監された監獄のことでしょう。

そこは非常に暑かったので、私たちは下着で過ごしていました。牢獄の中は多くの人で満杯でした。寝るときは、誰が自分の上にいて、誰が自分の下にいるのかわかりませんでした。どこまでが自分の体で、どこからが他人の体かもよくわかりませんでした。

少なくとも一日一回は、遺体を運ばなければいけませんでした。私たちのような、新入りの囚人はまだ骨の周りに肉がついていました。看守はそんな私たちを見て、「お前とお前、そしてお前もこっちへこい」と呼びつけました。私たちはトイレへと降りていきました。そこではいくつかの遺体が、便器に顔を突っ込んで、うつぶせに倒れていました。収監されていた牢獄の番号や、彼らに関する情報は、体に直接書かれていました。その遺体を運び、車に押し込むのが私たちの仕事でした。あるときは一二体、あるときは一三体。あるときは私ひとりで、四体の遺体を背負っていくこともありました。

そこには、言葉ではとても言い表せないことがいくつかありました。例えば臭いです。もしくはその黄ばんだ肌。拷問と殺人。子どもたち……実際そこには多くの子どもたちがいたのです。そこには〝ドイツの椅子〟*と呼ばれる拷問により、背骨が折れてしまった一六歳の子もいました。一三歳のムハンマドもそこにいました。あるとき看守が彼の腰を掴み、頭をドアへと打ち付けました。彼は泣きながら牢獄に戻ってきて、私にしがみつき、私を「お母さん」と呼ぶのです。彼は私をお母さんだと思っていたのです。

監獄の中で最も痛感するものは、絶望と無力感です。突然あらゆるものから切り離される絶望。もはや人間ではなく、動物のようなものなのだと感じる絶望。ここで起こることは何も理解できないという無力感。何もできないのです。何が起こっても起こるに身を任せるしかありません。尋問を終えた誰かが血まみれで戻ってくるという無力感。ひとつの質問もされることなく八カ月も収監されている人間が、有罪判決を下し死刑にしてほしいと請う姿を見る無力感。夜中に目が覚め、誰かが息を引き取る最期の呼吸を聞く無力感。ドアを叩き、死人が出たと叫んだところで、看守は「放っておけ。明日トイレにぶち込んでおくから」と言うだけでした。そしてどこにも横たわる場所がなく、唯一寝られる場所はその遺体の膝の上だけなのです。

やっと解放された後、あるとき私は父に、監獄に長いことといた後で、どうやってまともな状態にまた戻ることができたのかと尋ねました。

＊拷問方法の一種。囚人の腕と脚を椅子に括り付け、背もたれを地面の方に引っ張る。激しい痛みを生じさせ、ときには回復不可能な脊椎損傷を起こす。

彼は私を見つめて、こう言いました。「私がまともに戻ったなんて、誰が言ったんだい？」。

**ファード**　外科医（アレッポ市）

私の妻の兄は一九八二年に逮捕されました。彼は左派政党に参加しており、その政党の機関紙を読んでいた罪で逮捕されたのです。彼は長男で、医師を目指して勉強をしていました。家族全員が彼のことを誇りに思っていました。彼が出獄したのは一九九七年のことです。彼の父にとって、それは神からの贈り物のようでした。

監獄生活の中で、妻の兄は英語とフランス語を習得しました。そして釈放後、プロの通訳となったのです。妻の兄の獄中での苛酷な経験のせいで、彼の末の息子は政治的なことからは距離を置いていました。その代わり末の息子は、父親と一緒に通訳の会社で働いていました。末の息子は二六歳ぐらいで、あるビルの二階に住んでいました。彼の姉はそのビルの一階に、彼女の夫と息子と住んでおり、その息子は大学生でした。

二〇一二年八月、空軍情報部が彼女の家のドアを叩きました。大学生の息子が扉を開けると、彼らは無言で息子を捕え、車へと押し込みました。そして役人たちが家になだれ込み、たんすの引き出しを調べ、携帯電話を取り上げました。彼らは彼女の弟はどこに住んでいるかと尋ね、このすぐ上の階に住んでいると彼女は答えました。

何人かの役人が上階へ向かいました。司令官はそこに留まっていました。司令官は椅子に腰かけるどころか、そこでテレビを見ていた彼女の夫とその友人と酒を飲み始めました。そしておもむろに彼らを連行したのです。結局四人の男たちが連れ去られてしまったのでした。彼らは男たちの車も押収すると、「もう夜も遅いからな。彼らは何時間かを私たちと過ごした後、自分たちで帰ってくることになるだろう」と言い残していきました。

それ以来その四人の姿を見かけた者はいません。彼らは消えてしまったのです。いったい彼らの身に何が起こったのか、私たちは知る由もありません。私たちは彼らの消息を知ろうと賄賂を渡したり、できる限りあらゆることをしたのですが……。

私の義理の父は八〇歳です。義父は今や残骸のようです。私の義理の姪はダマスカスを去ることを拒みました。私たちは彼女にどこか避難先を探すようにと勧めましたが、彼女は頑なに断り続けました。彼女はそこに留まり、夫や彼女の兄弟、そして息子の帰りを待ち続けているのです。

第Ⅴ部

# 武装する人々

**キャプテン**　自由シリア軍兵士(アレッポ市)

デモが始まると治安部隊がやってきた。俺たちはやつらに向かって石を投げ、やつらは催涙弾を発射した。そして俺たちに向けて銃撃を開始したんだ。俺たちは、もしやつらが実弾を撃ってくるようなら、こっちも武装するしかないと考えていた。やつらがやっていることは殺人だ。殺しにくるというのなら、俺たちも反撃するしかない。

俺たちは路上で声を上げていただけだ。誰も注目してくれなくても、俺たちは残りの人生をかけて声を上げ続けただろう。しかし体制が俺たちを攻撃し始めたら、側で見ていただけの人々も、一緒に抗議活動へ参加してくれるようになってきた。それは血のなせるわざだ。流血が人々の感情を揺り動かす。血こそが、革命の力の源泉なんだ。

**アジザ**　校長(ハマ市)

アメリカとフランスの大使たちが、五〇万人集まったハマのデモに参加しました。彼らはとても熱狂的に受け入れられました。女性や子ども、男性たちが通りを埋め、子どもたちの手にはオリーブの枝と花が握られているのです。そこにあった喜びと希望を、きっとあなたは想像できないことでしょう。人々は、西洋諸国に支持されていると思っていました。

私の夫はホムス出身で、その地の抗議活動のリーダーとなりました。弾圧は日々厳しいものとなりましたが、それでも彼らは、「我々はひとつだ、ひとつ、ひとつ！　シリア人はみんなひとつだ！」と叫んでいました。状況が悪くなってくると彼らはこう叫びました。「アラウィー派の人々よ、私たちはあなたがたの家族だ。アサド家はあなたがたに利益を与えたりしないだろう」。ホムス郊外にあるラスタンという地域では、ほとんどの住人がスンニ派の敬虔なムスリムでした。私の夫はその地域に赴くと、たくさんの人が殺されたことに哀悼の意を表しました。彼は言いました。「体制は私たちを宗教の違いといった線で分断しようとしている。しかし宗教とは本来神のものであるし、国は全ての国民のものだ」。ラスタンの人々の声が後に続きました。「宗教は神のものであり、国は全ての国民のものだ！」。

より多くの人が政府の分断政策に異を唱えると、それにともない政権の暴力もより過激になっていきました。政権はシャビーハに民家を襲わせました。彼らは家に押し入ると、若い娘を両親の目の前でさらって行きました。

男たちは、自分たちも武装する必要があると言い始めました。私は反対し、こう言いました。「政権はあなたたちを殺し合いに巻き込もうとしている。それこそ相手の思うつぼじゃない」。そして訊ねました。「あなたたちは戦車や戦闘機を持っているとでもいうの？　政権はイスラエルと戦うために創設した軍隊を持っているというのに。勝てる見込みなんかないでしょう」。

男たちは言いました。「俺たちはずっと我慢してきたんだ。耐えて、耐えて、耐え忍んできた。けれどやつらは俺たちの手から女性たちを奪っていったんだ。何もせずにはいられない」。

**アブー・サミール**　自由シリア軍司令官、元陸軍将校（ダマスカス郊外県ドゥーマ）

俺はドゥーマにいて、窓から虐殺の現場を見たんだ。デモが行われていて、その終わりに体制が発砲を始めた。殺すにしても慈悲というものがあるだろう。でもそれは違った。丸腰の市民たちが恐ろしいやり方で殺されていったんだ。兵士たちは市民の頭を地面に叩きつけ、遺体を引きずりながら通りを歩いていた。

同じ日、俺は義理の兄に、何人かの屈強な男たちを連れて来て欲しいと頼んだ。七人の武装グループを結成し、俺はその八人目のメンバーだった。そのうち三人はカラシニコフ銃を持っていた。残りが手にしているのは猟銃だった。俺たちは方々で金を集めると、シリアやレバノンのブラックマーケットで武器や弾薬を買った。

俺たちは夜になると行動を開始した。チェックポイントや軍事施設に向かい、作戦を実行し、帰宅した。友人や親族の多くが、こんなことは血みどろの結果しか生まないと反対した。俺はこう言った。これは血に汚れた体制なんだ。やつらは俺たちを殺しにくる。それなら俺たちだって自分たちを、自分の家族を守るためやつらを……。

**アベッド**　自由シリア軍司令官、元陸軍将校（ホムス県パルミラ）

私たち四人は、シリア軍に所属していた同僚で、軍の所属証明書を持っていた。私たちは国内を好きに移動できる自由があったので、各地に赴きデモを行う市民の手助けをしていた。私たちは人道支援や食糧、医療物資を、必要とされる場所に届けていた。
私たちの車は調べられたりしない。軍の敷地やチェックポイントに差し掛かっても、ＩＤを出せば事足りた。兵士たちはむしろ敬礼さえした。「お疲れ様です！　どうぞお通り下さい！」。シリア軍の将校であるということは、他の誰よりも偉いということだった。列に並べ？　そんなものは関係ない！　それが体制のやり方だった。私たちはそれを理解していた。

革命は三月に始まった。八月になると、市民や反逆者たちも武装し始めた。私は革命の初期から、この体制は武力以外では倒すことはできないと言い続けていた。武力闘争が好きであれ嫌いであれ、武器を持たざるを得ないのだ。毎日平和的なデモが行われ、そのたびに五人、六人、ときには一〇人もの市民が死んだ。そのままでは何も変わらなかった。もし国際世論の支持を待つつもりだというのなら、そんな考えは捨てた方がいい。他の国々が助けてくれるなどという神話は、忘れてしまわなければならない。

二〇一一年の暮れまでには、私たちを取り巻く状況も厳しいものになってきた。まるで他の将校たちが、私たち四人を疑っているかのようだった。市民の抗議活動を鎮静化させる戦略は失敗し続けていた。そのため体制側の人間は徐々に、軍内部の何者かが抵抗運動を支援しているのではないかと感じ始めたのだ。

当時、私は基地から離れた場所での任務に就いていた。ある日、司令官が代理の者を送ってきて、報告のために司令官のいるオフィスまで戻ってくるようにとの指令を伝えた。私は驚いた。私はその使いに、なぜ司令官たちは私に直接連絡を取らず、わざわざ伝令などを送ってきたのかと尋ねたが、彼はわからないと答えた。

嫌な予感がした。私はその伝令の者に、携帯電話の残高が無くなったから、代わりに君の携帯を貸してくれないかと言った。それは単なる口実で、彼の携帯から司令官に電話をかけたら、司令官がどんな反応をするか試してみたかったのだ。彼の携帯を受け取った途端に、その携帯にメッセージが届いた。それは私に伝令を送り込んできた司令官からだった。私はそのメッセージを開封し目を通した。「アベッドから目を離すんじゃないぞ、我々はこれからやつを捕えに行く」。

私は「了解」と返信を送り、そのメッセージを消去した。私は携帯を伝令の者に返し、ありがとうと言った。そして私はバッグを摑むと、できるだけ早くその場を立ち去った。その翌月、私は祖国を後にした。

**アシュラフ**　アーティスト（ハサカ県カーミシュリー）

もし国際的な力が初期からシリアに介入していたら、きっとこんなひどい状況にはならなかっただろう。もしくは少なくとも、飛行禁止区域が厳しく管理されていたら、これほどの惨劇は起きなかっただろう。

問題は他の国々が、世界が何もしなかったことじゃない。問題は彼らがこう言ったことだ。「立ち上がるんだ！　国際世論はあなたがたとともにある。革命だ！」とね。〔トルコの大統領〕エルドアンは、シリア政府によるホムスの爆撃は、越えてはならない一線だと宣告したし、アメリカ合衆国のオバマ大統領は、化学兵器の使用は許容できないと言った。シリアの人々はこういった声明を耳にしていたからこそ、自分たちは国際的に支持されているとの勇気を得て立ち上がった。そして実際にシリア政府がこういった一線を越えたとき、それらの声明は実行に移されず、人々は絶望的な状況に取り残された。人々は、頼れるのは自分たちの他にいないのだと理解した。

**アブドゥルラハマーン**　エンジニア（ハマ市）

ハマのデモはまるで楽園のようでした。大気を震わす人々の声はまるで地震のようでした。五〇万人もの女性や男性が、みなひとつになっていたのです。

そのデモの後、治安部隊は逃げ出しました。私たちは武器ではなく、人々の数でハマを解放させることに成功したのです。それぞれの地域では、政権軍の兵士たちの再侵入を防ぐために、市民が独自にチェックポイントを設けました。軍が再び侵攻を開始するのは時間の問題だとわかっていたので、私たちは自分たちの身を守ろうと必死だったのです。私は火炎瓶づくりに熟達しました。私たちは資金を集め、私のいとこや他の人々が、レバノン北部の闇市場から武器を買ってきました。私たちはそこで購入可能な武器のリストを入手していました。ＡＫ－47：一五万シリアポンド（一〇〇シリアポンド＝約五〇円（二〇一六年インタビュー当時））、ＰＫＣマシンガン：一七万五〇〇〇シリアポンド、ＰＫＣ銃弾一箱：一万五〇〇〇シリアポンド。私たちは治安部隊のメンバーからも弾薬を購入していました。警察の内部にもスパイを送り込んでいたので、体制から指名手配されている人々のリストも常に最新のものを入手できました。

私は婚約者と結婚するために貯金をしていたので、その個人的な人生の目標と、人々を守るために武器を手にすることとの間で葛藤を続けていました。正直に言うと、武器を取り戦うということをずっと夢見てきた自分がいました。仲間内では、武器を待つ人々のリストがあり、私はそのリストの上位ではありませんでした。私は他の人々のように兵役を経験していないので、武器を扱う経験が欠けていたのです。

〔二〇一一年〕七月三一日の朝六時半、政権は街へ砲撃を開始しました。火薬の臭いと震動が感じられました。人々は通りを石で塞ぎました。私のいた地域には、二丁のAK-47と、三丁のピストルしかありませんでした。他に、どこで入手したのかはわかりませんが、手榴弾を持っている男性もいました。私たちは火炎瓶をつくり、あちこちのチェックポイントへ配りました。私たちは、どんな攻撃でも止められるほど強いと思っていたのです。

エンジン音がどんどん近づいてきて、突然、ドカン！と砲撃を開始しました。そのチェックポイントには一二人の人間がいたのですが、七人が即死し、私を含む五人は怪我を負い身を潜めました。私たちの地域は弱く、防衛ラインは脆くも崩れ去ったのです。私たちは何もできませんでした。戦闘を開始することすらできませんでした。

ハマへの包囲攻撃が始まった初日には、多少なりとも市民は抵抗を示しましたが、二日目になると、いっさい抵抗することはできませんでした。政権軍はその侵略で三〇九人もの命を奪うと、再び撤退しました。三日目はより激しい砲撃が行われました。私が目を覚ますと、妹が泣き叫び、母は祈りを唱えていました。彼女らはハマから避難しようと懇願し、私は断り続けていましたが、ついに同意しました。市民はみな、行く当てなどないままハマから逃げ出しました。

私たちはダマスカスに逃れ、そこで一五日間過ごしました。私がハマへ再び戻ると、そこは以前とは全く違った場所になっていました。街中に軍のチェックポイントが設けられ、至る所にバッシャール・アル＝アサドの写真が貼られており、巨大なマシンガンが据え付けられていました。通りの壁には、「アサドの他に神はなし」、「アサドに忠誠を誓うか、もしくは国を焼き尽くすのみ」といった言葉が書きなぐられていました。

人々はそれでもストライキを行うなど、小さな抵抗活動を続けました。それは、抵抗勢力がまだ存在することを軍に示すためのものでした。「自由シリア軍（ＦＳＡ）」を結成するというアイデアはその頃に出てきました。いとこが、私の名前を指名手配者リストの中に見つけたとき、私はまだ武器を配られる番を待っていました。その翌月、私は毎晩違う寝床で過ごしていたため、逮捕や拘束されることはありませんでした。

私たちは辛抱強く他の街からの吉報を待っていました。勝利の知らせや救援など、何かしら、ハマを包む重苦しい空気を和らげてくれるニュースを待ち続けていたのです。いとこがこう言いました。「お前は州レベルで指名手配されている。でもまだシリア全土で手配されているわけじゃない。もし逃げるつもりがあるなら、今ならまだ時間がある。脱出するなら今しかないぞ」。

私の夢の全ては革命の中にありました。私は臆病者ではありません。私たちの始めたこの革命を最後まで全うしたかったのです。しかしとうとう家族の説得に折れて、国を離れる決意を固めました。九月一五日、私は最後のスローガンを壁に書き残しました。「ハマに自由を」、そして「明日はもっと良い日になる」と。

## アブデル＝ハリーム　自由シリア軍兵士（ホムス市）

僕は大学で言語学を学んでいた。そして二〇一〇年、僕は徴兵されて軍に入った。革命が始まったとき、僕は体制は人々を守っていると思っていた。軍の中では、僕らはシリア国営放送しか見ることができなくて、それは全て体制のプロパガンダだった。それからホムスに戻り、その壊滅的な状況を目にしたんだ。僕が政権軍から離反したとき、両親は、僕はテロリストにさらわれ行方不明だと説明した。僕が離反した以上、そう言う他に、彼らの身の安全を守ることはできなかったんだ。

僕は自由シリア軍に参加し、会計係として資金と物資を管理することとなった。僕らの集団は少しずつ大きくなり、メンバーが一五〇人に達したとき、ついに政権軍との戦闘へと踏み出した。僕は脚に銃撃を受け、両親は僕をトルコに連れて行き治療を受けさせたがったけれど、僕はその場を離れたくなかったので断った。その当時の活動は僕にとって心から大切なものだった。まるでみな兄弟のようだった。実際のところ、兄弟以上の絆で結ばれていた。まるで集団全てがひとりの人間のようだった。その頃を思い出すと僕は壊れそうになる。

そして軍隊がホムスにやってきた。彼らは、テロリストを探すために家々を捜索しており、終わり次第立ち退くと言ったが、そのまま去らなかった。こうして街の包囲が始まったんだ。

街の人々は逃げ出したが、僕らは留まった。初めの二、三カ月で、僕らは住人が残していった食料を食べ尽くしてしまった。もちろん、中には街に留まり続ける家族もいた。僕らのすべきことは、そういった家族らを守ることであり、自分たち自身を守ることだった。軍が攻撃を仕掛けてきたら、僕らは反撃をした。幾多の戦闘があり、人々が死んでいった。物資の補給や支援のために、仲間が下水道を通り街の外からやってきた。

初めの六カ月はそこそこうまくやっていた。そしてついにガソリンが底をついた。部隊にひとつずつのジェネレーターを除いて、街に電気はなかった。僕らはその状況が、もう一、二カ月は続くかもしれないと覚悟していたが、実際は二年に及ぶことになった。

野戦病院では、医師たちができる限りのことを尽くして僕らの治療にあたってくれていたが、薬品が無かった。手術室は消毒もされてなかった。もし誰かが手に銃撃を受けたとしたら、それ以上の悪化を防ぐためにはその部位を切断するしかなかった。もちろん、それが脚であっても、目であっても、処置できることは同じだった。

食料が底をつき、本当の飢餓が始まった。みなそこらへんから草や葉っぱを集めてきた。料理できる連中が、その草や葉っぱを茹で、スパイスやブイヨンで味付けした。彼らはできる限りの腕を振るい、色んな種類で、満腹になるような食事をつくってくれたが、ついには雑草しかなくなってしまった。最初の頃は栄養不足を感じていなかったが、包囲の最後の三カ月間には、僕らは歩くこともままならなかった。最後には木々の葉っぱも尽きてしまった。飲んでいる水がどこからやってきているか、誰も知らなかったが、泥の中に埋まっている遺体の側から染み出ている水だと僕らは感じていた。

初期の自由シリア軍には、司令官も徴兵された兵士もいなかった。僕らは単に友人の集まりだったんだ。それからしばらくして、大量の米ドルが司令官たちのポケットに流れ込むようになった。善良な司令官は殺されるか、地位を剝奪された。腐敗した司令官たちは、ますますその権力を強固なものにしていった。彼らは暖房も持っていたし、配給の食料も隠し持っていた。彼らはタバコを手に入れるために、政権軍と手を結ぶことすらあった。

他にも問題はあった。初期の頃、僕らは自分たちの生活や活動を、個人的な記録のために映像に残していた。司令官たちは、金儲けのために映像を撮り始め、さらに映像を撮るためにより多くの資金を求めるようになった。彼らは誰もいない地域まで行き、迫撃砲をぶっ放し、まるで敵の軍と交戦しているように見せかけたんだ。彼らはその映像を、トルコやカタールといった国外のパトロンへと送り、資金を調達してテレビで配信した。

最終的に僕らは、どんなものであれ〝リーダーシップ〟と呼ばれるものに辟易するようになっていた。僕らはそんな司令官たちに対して抗議活動すら行うようになった。金というものが、僕らの活動を後退させたんだ。それはまるで、バッシャールの統治ほどではないにしても、同じようにひどいものに成り下がってしまった。僕らの目標は社会から腐敗を根絶することだったのに、司令官たちは全てを無茶苦茶にしてしまったんだ。

僕らの中には密告者までいた。それは政権軍から送られてきたスパイかもしれないし、自由シリア軍の上層部から送られてきたのかもしれなかった。僕らはすでに誰が味方で誰が敵なのか全くわからなくなってしまったんだ。最後には、僕はただ死を待つばかりだった。僕はただ毎日祈りを唱え、コーランを読むことで心を鎮めようとしていた。最も心が落ち着く瞬間は、Skypeを通じて母や父と会話をしている時だった。

ある男たちが降伏したいと言い出した。ひとりが政権軍の元へ降伏しに行くと、他も続いた。僕らにとって、それは許すことのできない裏切り行為だった。僕には、自分の兄弟姉妹を殺したやつらと手を握ることなんて絶対にできなかった。それに、僕が政権軍を離反したとき、両親は僕は行方不明になったと伝えていた。もし僕が包囲網の中で二年間も反乱軍兵士として戦闘に加わっていたなんてことが知れたら、両親は軍に殺されてしまうだろう。

ある男たちが車に爆弾を積んで政権軍へと突っ込んでいった。それは自爆攻撃だったんだ。けれどその爆弾は僕らの領域内で爆発してしまい、多くの人が死んだ。その中には僕の親友たちもいた。僕は最後のお別れにと、彼らの遺体が安置されている病院へと出向いた。病院の一角には、五人の人間のバラバラになった部位が置かれていた。誰が誰だかわからなかったため、その遺体はみんなまとめて埋められた。

次から次へと色々な物事が降りかかってきた。暗闇が近づいてくるようだと僕は感じていた。ホムスの旧市街にこもって戦う僕たちを、地方へと避難させる案が提案されたが、戦っていた人たちの一部は反対した。彼らは、故郷を去るために全てを失ったのではないと主張した。ほとんどの人々は避難計画に賛成だった。とにかくこの悲惨な日々を終わらせたかった。僕らにできることはといえば、かろうじて避難先まで体を引きずっていくことぐらいだった。最後には、全員で避難することを部隊長が決断し、みなでその決定に従うことになった。力ある者が命令をし、僕らはそれに従うチェスの駒に過ぎなかった。

避難計画を実行したのは二〇一四年五月二四日のことだった。避難には、ホムス県の知事と政府軍が立ち会った。スナイパーが建物の屋上に待機し、カメラマンたちが映像を撮っていた。僕らが旧市街の奥地から姿を現すと、その疲れ切った弱々しい姿にみな衝撃を受けたようだった。まるで政権軍の兵士たちが、「俺たちはこんな死にぞこないの連中を恐れて攻撃を踏みとどまっていたのか?」と考えているかのようだった。

僕らの肉体はボロボロだったが、尊厳に満たされていた。僕らは限界まで、全ての力を振るってホムスを守り続けたんだ。僕は神と両親のために全力を尽くしたいと願っていた。僕は全てに別れを告げた。二年間立てこもっていたその街は、もうまるで自分の手や目のように、体の一部のように感じられた。ホムスの街を振り返ると、僕はこう思った。「もう二度とこの街を目にすることはないだろう」。そしてそれは現実のこととなった。もうそこにホムスはないのだから。

**アブー・フィラス**　自由シリア軍兵士(イドリブ県マアッラト・アン＝ヌウマーン)

どんな行動にもそれに対する反応というものがある。体制がこのような手段で私たちを殺している現状では、民衆は、私たちの言うジハード主義者、あなたがたの言うテロリストにならざるを得ない。神に誓って言うが、私は誰と会ったとしても、その民族や宗教、国籍に関係なくその尊厳を認めるだろう。しかし私の妹が何者かに拉致され、レイプされでもしたら、私は爆弾をくくりつけた車に乗って、世界中のどんな場所に突っ込むことも厭わないだろう。私たちに関心を持っている国など世界には存在しないのだから。この世界に生きる人間として持っていられるはずの私たちの人権を、そのわずかですら、誰も守ってくれないのだ。

私は国際社会の良心が眠りについていると言っているわけではない。そんな良心など、どこにも存在しないのだ。

**カリール**　自由シリア軍司令官、元陸軍将校（デリゾール市）

私は第四機甲師団に所属する大佐でした。私たちはデモの鎮静化のためにダラーとムアダミヤへ派遣されました。司令官は、我々は武装したギャングと交戦しているのだと言いました。嘘だとわかっていましたが、それは軍の命令であり、軍の命令に異論を唱えることなど誰にもできないのです。

初めの二週間は、私たちは警棒を使用していました。そして空軍情報部の軍人やスナイパーが、その後方から射撃しました。三週間目になると、司令官らは私たちに、デモをしている人々の脚を狙って実弾を発砲しろと命令しました。そしてもし二〇〇メートル以内に市民が迫ってきたら、私たちは彼らを射殺しなければならないことになっていたのです。

初めてデモを目撃したとき、私は恍惚感のようなものを覚えました。心中では、ぞくぞくしていたのです。しかしそれと同時に私は、軍がいかに怒り狂い、憤慨しているかということもこの目で見ていました。デモに出資しているという男の家に踏み込んだときのことを覚えています。将校たちが彼を殴りました。彼の妻がそれを止めに入ると、将校は妻も殴りました。そしてその家の小さな女の子すらも、壁に向かって激しく叩きつけたのです。

私の心は初めから民衆の側にありました。ですが、もし軍を離反したがっているなどと知れたら、私は殺されてしまうでしょう。軍を離れる前に、私は自分の妻と子の安全を確保する必要がありました。無事彼女らの安全を確保すると、私は、自分が誘拐されたように見えるような状況をでっちあげ、姿をくらませました。しばらくの間、軍の人間にも私が本当に誘拐されたのか、それとも軍を離反したのか判別がつきませんでした。その間、軍は私の父と兄弟を逮捕しました。軍は数日後に父を解放しましたが、兄弟は捕えられたままでした。

それから軍はダマスカスにある私の家に押し入ると、盗めるだけのものを盗み、残りは燃やしてしまいました。彼らはデリゾールに住む私の家族の家でも同じことを繰り返しました。私は家を失ったことを嘆いたりはしません。問題は、私の帰る場所などどこにもないということだったのです。

軍は私の居場所に関する情報に懸賞金をかけ、私を殺した者にはさらに大きな報酬を出すと告示しました。私はあちらからこちらへと、夜中に移動を繰り返しました。それと時を同じくして、私は自由シリア軍に加わることになったのです。

それからヌスラ戦線が表舞台に姿を現しました。二〇一二年六月に彼らと話をしに行ったことがあります。私は彼らを自分たちにとって脅威であると見なしていました。彼らはアルカイダの黒い旗を掲げていました。私は彼らに向かって、「これは民衆の革命です。なぜあなた方は革命の旗を掲げないのですか?」と尋ねました。

「あの旗は不信心者の旗だ。我々は預言者の旗を掲げているのだ」

「そうですか。預言者は私たちの心の内にもいます。ですが、その旗を掲げることは人々の間に様々な問題を生むでしょう。なぜ今そんなことを行うのでしょうか」

「我々は民衆の革命以前から体制と戦ってきたのだ。だが我々は刑務所に入れられていたのだ」

「どの刑務所ですか?」

「サイドナヤ刑務所だ。我々はこの四月に解放された」

「いったい何の罪で逮捕されていたのですか?」

「反政府活動だ」

そこまで聞いて私は理解しました。当時政権は、ヌスラ戦線が、イラクへアメリカ軍と戦闘しに行くことを許していました。そして彼らがシリアに戻ってくると、刑務所に入れてしまったのです。そして今、政権は再度、彼らを利用しようとしているのでしょう。

「バッシャールはあなた方を釈放することで、テロリストと戦っているという口実をつくろうとしているのです」と私が言うと、彼らは「神がこのような状況を望み、神がバッシャールにその決定をさせたのだ」と反論しました。

私たちはそれぞれ別々の道を歩むことになりました。私たち、自由シリア軍は政権を攻撃し、権力の座から引きずり降ろし、次世代の政権を担おうとしていました。一方、ヌスラ戦線は私たちの背後を衝いてきて、私たちが政権を奪取した瞬間、自分たちが国を掌握しようと虎視眈々と狙っているのです。ヌスラ戦線が支配領域を拡大している間に、私たちは政権軍との戦いに集中していました。

ヌスラ戦線の兵士たちの多くは、サウジアラビア人やカタール人、チュニジア人といった外国から来た人々でした。自由シリア軍は数でこそ勝っていましたが、支援はほとんどありませんでした。私たちは戦闘員たちに一度しか報酬を渡せませんでしたが、ヌスラ戦線では月々の給与を支払い、最新鋭の武器を支給していました。ヌスラ戦線は、彼らへの支持を集めるため、民衆にパンを配っていました。人々はパンを受け取りましたが、それは空腹だったからです。実際、人々が外に出てデモを行う機会を得たときには、ヌスラ戦線に対して抗議活動を行いました。

それから程なくして、ＩＳＩＳが勃興したのです。ヌスラ戦線の統率者はアブー・ムハンマド・アル＝ジャウラーニーという男で、それはアルカイダの分派のような組織でした。ＩＳＩＳを創立したのはアブー・バクル・アル＝バグダーディーという男で、アルカイダやヌスラ戦線のようなムーブメントの一部が、彼とともに独立したのです。ＩＳＩＳもまた、参戦する兵士たちに対して、そのランクごとに給与を支払っていました。金と武器、弾薬を兵士たちに供給していたのです。

ラッカはＩＳＩＳの本拠地となりました。政権は争うことなく、ＩＳＩＳにラッカを引き渡し、去りました。ＩＳＩＳは数百の自由シリア軍兵士と市民たちを監禁しました。あるとき、私たちがトルコ内の自由シリア軍最高軍事評議会からデリゾールへと、弾薬の補給を運ぶ際に、ラッカを経由しなければなりませんでした。ＩＳＩＳはドライバーを拘束し、弾薬を奪い取りました。私たちは深刻な弾薬不足に陥っていました。兵士たちは私にこう言いました。「物資の供給があるのかどうか、教えてください。もし無いのであれば、ＩＳＩＳに降伏したほうがましです」。

私たちはＩＳＩＳの存在を認めません。私たちはアサドと戦っていますが、それは彼が独裁者だからです。私たちは、別の独裁者がアサドの座を奪うことなど許しません。いったい何の権利があって彼らは、どれそれは神への冒瀆であるとか決めることなどできるのでしょうか？　ＩＳＩＳは、野戦病院で働いていたドイツ人医師を、不信心者だという理由で殺してしまいました。彼はわざわざ外国から、傷ついた人々を治療するためにやってきたのです。もしそれが不信心だというのなら、私たち全員、彼と同じように不信心者と見なされても構いません。

**フサイン**　脚本家（アレッポ市）

自由シリア軍は、アレッポで戦いの狼煙を上げました。そして街は革命における、武力闘争のステージへと突入したのです。街は政権の掌握する区域と、解放区とに二分されました。自由シリア軍は、街の半数以上の人口を占める、貧困層の住む区域に領域を築きました。市民は、どうすれば生き残れるだろうかと案じていました。私たち、革命を牽引する活動家たちにとって最も大切だったことは、現体制に代わるものを、人々に供給することでした。食料や緊急時の避難場所など、諸々のサービスを提供する必要があったのです。私たちは、新たなシステムをつくり上げなければなりませんでした。

そのアイデアを固めるために私たちは、アレッポ市議会と、アレッポ県議会の議員を選出する選挙を行いました。このような選挙はシリアでも初めてのものでした。それは私の人生の中でも、とても重要な経験となりました。私たちは、この選挙を必ず成功させなければならないと信じていたので、私は持てる限りの政治経験を投入しました。国を発展させていくための、本物の機関を立ち上げたかったのです。

最も熾烈だったのは、私たち革命運動家たちと、ムスリム同胞団の候補者争いでした。ムスリム同胞団は非常によく組織されており、十分な資金もありました。私たちにあるのは言葉だけでした。私たちは毎日毎晩、地域の隅々まで歩き、私たちの理念や原則を語り続けました。当時はまだ、人々は私たち活動家に感謝の気持ちを持っていました。しかしその後、資金と救援物資が人々の間に流れ込むと、誰も活動家たちのことなど気にかけなくなっていきました。そんなときにもし私が彼らの家に出向き、革命の価値など説き始めたら、私は蹴り出されてしまったことでしょう。

その当時、アレッポの街中には何千もの放置された空き家がありました。武装組織は、断りなくそれらの家を奪い利用していましたが、私たち活動家は、正当な持ち主に許可を得て使用していました。サウジアラビアで働いているアレッポ出身の男性が、私たちに彼の家を提供してくれて、そこは活動家たちのたまり場のようになっていきました。三〇人を超える人々が、マットレスに転がり眠りました。掃除や料理は交代制で担当していました。ある裕福な男はケバブを買って食べていましたが、他のお金のない人々は、せいぜい玉子を食べる程度でした。

人々が礼拝に出かけると、私は気にせず自分のやっていたことを続けました。誰も礼拝を強要することはありませんでした。彼らは私が世俗主義者だと知っていましたが、家族を置いて革命に身を投じた老人として、みな敬意を払ってくれました。ある友人の活動家がサラフィー主義者となり、長いひげをたくわえ始めました。彼は離れたところに住んでいました。電気も街灯もない夜中に出歩くのは危険だったため、もし彼が会議に出席できないときは、私に彼の投票を委任すると、みなに説明していました。過激な宗教思想を持つ人間は初期には見かけませんでした。ある人間を過激な思想に染めるには、それなりの時間と努力が必要なのです。私はそういった、人々を過激な思想へと追いやるものは、外国からやってきたと思っています。その主要な原動力はお金と武器でした。

路上でコーヒーを売っていた一四歳の少年が、イスラム主義者に殺されるという事件があってから、私たちはイスラム化に反対する抗議運動を開始しました。その三人のイスラム主義者——エジプト人とチュニジア人、そしてシリア人でしたが――は、コーヒーを飲みたいけれど、代金は後で払うと言ったので、少年は、「もし預言者のムハンマドがコーヒーを買いに来たところで、僕は絶対にツケでなんか売らないよ」と言いました。イスラム主義者たちは、少年の発言は神に対する冒瀆だと受け取り、その少年を殺してしまったのです。

私たちはその反イスラム化の運動を〝もう十分だ(Enough is Enough)〟と名付けました。私たちは、小さな市民キャンペーンを組織し、「無秩序に加担するな」と言って歩き、ナンバープレートの無い車を運転したりすることのないようにと勧告しました。もうひとつのキャンペーンでは、「私は学校に通いたい」というスローガンを唱え、武装組織が軍事拠点として占拠している学校を、市民に返すようにと呼びかけました。

ちょうどその頃、ISISがアレッポに到達しました。彼らはジャーナリストや活動家たちを誘拐し始め、その中には、有名な活動指導者のアブー・マリアムも含まれていました。残された活動家は多くありませんでしたが、それでも私たちは、ISISの本部の前で、アブー・マリアムを解放するようにと、座り込みを続けました。当時はまだ、ISISは今ほどの勢力を誇っていなかったので、私たちは比較的安全だと感じていました。しかしその帰路、ISISの車が追ってきて、道を塞ぐようにして、私たちの乗っていたタクシーを止めました。それは、我々はお前たちを監視しているぞ、という警告を伝えるための行為でした。

それからというもの、私たちは秘密裏に活動を行うようになりました。私は他の地域に引っ越すと、残虐な殺し屋として知られるギャングのボスの元を訪れました。彼はISISの侵入は絶対に許さず、彼の統治下に住む人間の安全は保障すると言いました。私は葛藤しました。どんな武装勢力とも、私は手を結びたくなかったのです。しかし私は、そのギャングの庇護を受けることを承諾しました。それは周囲の人々から見たら、私もその一味だと思われても仕方のないことでした。

そのときから、私は役立たずの人間だと感じるようになりました。私はシリアを去る決意を固めました。もはやそこに留まり続ける理由がなかったのです。

**キンダ**　活動家（スワイダ市）

二〇一二年までに、自由シリア軍やヌスラ戦線など、様々な武装勢力が台頭し、醜い出来事が何度も起きていました。休戦が宣告されたところで、もちろん誰もそんなものに敬意を払ったりしません。

私と姉は友人たちと会って、いったい私たちに何ができるだろうかと考えていました。そして私たちは、とても素晴らしいアイデアを思い付いたのです。私たち四人で、ウェディングドレスを着るんです。真っ白なドレスに、ヴェール、それはとても美しい光景になることでしょう。私たちのメッセージは、体制側にも、反体制側にも向けたものでした。もう十分！　これ以上殺さないで！

両親はそのアイデアを応援してくれました。他の親類たちは話すことすら拒みましたが、両親はずっと寄り添ってくれていました。親類たちは、多くのドゥルーズ派の人々がそうであるように、親政権派だったのです。私たちはウェディングドレスをつくり始めました。私たちは布地とミシンを入手して、仕立屋にも手伝ってもらうことにしました。私は、もしこの純白のドレスを着ている最中なら、たとえ抗議活動中に死んだとしても、シリアの大地の上で誇り高く死んでいけると考えていました。

世界中の人々は、私たちがテロリストではないことを理解してくれるでしょう。

準備には二五日かかりました。決行の前日、私たちはパーティを開きました。ダマスカスの人々が結婚式でやるように、ジャスミンの花で部屋を飾りました。私たちは明日掲げるメッセージの準備もしました。あるボードには、「私は一〇〇％シリア人」と書かれています。他には「シリアは全ての人々のもの」と、そしてもうひとつには、「市民社会は、シリアの大地における、あらゆる武力衝突の終わりを呼びかける」と書かれていました。

翌日、私たちはミドハト・バシャ・マーケットへと出かけていきました。途中いくつかのチェックポイントを通らなければならなかったので、私たちはウェディングドレスの上に真っ黒なアバヤ〔アラビア半島の国々の伝統衣装〕を着ていきました。私たちはマーケットで友人たちと落ち合うと、抗議活動を実行する時間まで、人込みの中に散りました。

友人のひとりがカウントを始めました。一、二、三、私たちは真っ黒なアバヤを脱ぎました。純白のドレスが現れ、私たちはヴェールをかぶりました。私たちはメッセージの書かれたボードを掲げ、その場に七分間立ち続けていました。人々は驚いていました。マーケットの中央に現れた四人の花嫁によって、みな立ち尽くしてしまったのです。それは素晴らしい光景でした。私のこれまでの人生の中でも、最も美しい日になりました。

そして私たちは歩き始めました。店主たちはそれぞれの店を放っておいて、私たちを見に出てきました。誰もが携帯電話で撮影していましたが、沈黙が続いていました。私はそんな人々を奮い立たせたかったので、「シリアの花嫁がいるっていうのに、どうしてあなたたちは声も上げないの？」と言いました。私が声を上げ始めると、人々も興奮して声を上げ、手を叩き始めました。ある年老いた男性が涙を流していたのを、私は覚えています。罵声や侮辱は聞こえてきませんでした。人々は、「神のご加護がありますように、あなたたちはシリアの英雄だ」と言いました。

銃を手にした治安部隊がやってきました。彼は、「そのメッセージボードを降ろすんだ。問題を起こすんじゃない」と言いました。私はかえってボードを高く掲げ、より断固として意志を表しました。まるで死刑執行人の前にいるかのように感じました。どちらが死刑執行人なのかはわかりませんが。

治安警察が応援にやってきて拘束されるまで、私たちの抗議活動は三〇分ほど続きました。彼らは私たちを脅し、私たちの母親や兄弟を侮辱しました。警官は、「お前たちは誰の元で働いているんだ？　バックについているのは誰だ？」と問い続けました。そして彼らは私たちを支部に連行していったのです。彼らの会話が聞こえてきました。「何であんな淫らな売春婦どもが外を出歩いてるんだ？　誰かまたがる相手でも探してたのか？　いっそのこと、ジハード主義者のところに連れて行っちまえばどうだろう。ひとりの花嫁に対して、一〇〇人はジハード主義者が群がってくるだろうよ」。そんな会話を聞くのは精神的な拷問でした。頭の中は疑問で埋め尽くされていました。本当に彼らはそんなことをしてしまうのでしょうか？

彼らは私たちを廊下で待たせていました。壁には血の跡があり、「いったい誰の血なんだろう？」と思わずにはいられませんでした。そこには裸足で床に跪いている年老いた男たちがいました。どれだけの時間そうしているのかわかりません。頭に袋を被せられた男性がいました。役人たちは、彼をいたぶっては楽しんでいるのです。手錠をかけられ、棒から吊り下げられている人もいました。金属が彼の肉を引き裂いていていました。ある男性がこう叫んでいたのを覚えています。「お願いだ！　あんたの手にだってキスするよ。頼むから降ろしてくれ。たった三〇秒でいいからトイレに行かせてくれ」。すると役人は答えました。「ダメだ。それにもしここで漏らしでもしたら、お前にそれを飲ますからな」。

それからしばらくして、彼らは私たちをひとりひとり、尋問に連れて行きました。尋問は昼の三時から始まって、翌朝の八時まで続きました。そして私たちは牢獄へと入れられました。毎日、外から処刑の銃声が聞こえてきました。私は病気になり、シラミもつきました。牢獄の中には、癲癇の発作を持つ人がひとり、喘息持ちが三人、卵巣がんの人がひとりいました。小さな部屋の中に、二五もの病気が存在していたのです。一五日間、私の姉は死の境をさ迷っていました。私はドアを叩き始めました。看守に向かって叫びました。「私は姉に助かってほしいとは思わない。姉はシリアのために死ぬのだから。でもあなたたちにはその死の責任があるのよ」。私たちは宗教的少数派に属していたので、彼らはその死の責任を恐れました。翌日になり、医師が呼ばれました。

私たちは二カ月の間刑務所で過ごし、捕虜交換の後、釈放されました。解放された後、私はミドハト・バシャ・マーケットに戻り、商店主たちに花嫁の事件について尋ねて歩きました。ある人が言いました。「覚えているとも。でも捕まっちまったんだ」。

私は彼に、私がその花嫁のひとりであることを話しました。彼は私を抱きしめると、涙を流し始めました。「その翌日、何があったか知ってるかい？」と彼は言いました。そこには、露店で子どもたちの玩具を売る、ある年老いた男性がいました。私たちの抗議活動の翌日、その男性は机の上に並べていた全ての玩具を取っ払うと、ウェディングドレスを着た四つの人形をそこに置いたというのです。四人の花嫁の人形だけを。

第VI部

# 戦時下に生きる

**アブー・フィラス**　自由シリア軍兵士（イドリブ県マアッラト・アン＝ヌウマーン）

誰かが寿命を全うしたなんてことを聞いたのは、遥か昔のことのようだ。

当初はひとりやふたり、殺される程度だった。それが二〇人になり、五〇人になった。そしてそれが日常になった。もし今五〇人の人が殺されたとしても、私たちはこう思うだろう。「神よ、感謝します！　たった五〇人で済んだなんて！」。

爆弾や銃撃の音が聞こえないと眠りにつけない。もはやその音無しでは何かが欠けているような気さえするのだ。去年〔二〇一二年〕、ラマダン月の最後の休日に、政権がマーケットを強襲した。人々はマーケットから逃げ出した。三〇分後にはみな戻ってきて、普通に売り買いする、いつもの日常が戻ってきた。

**ラナ**　母親（アレッポ県）

それはあらゆる意味でこの世の悪夢のようでした。もしくは、恐怖映画が現実となったようなものです。その恐怖はとても言葉では言い表せません。そのストレスと重圧で私は病気になってしまいました。今でも私は消化器に問題を抱えています。

ある冬、私たちは爆撃を受け、家の全ての窓が砕け散ってしまいました。息子の唇は寒さのあまり青くなっていました。ついには、着の身着のままで家を捨て、避難しなければなりませんでした。それから八カ月間、様々な場所で生きてきました。あるときは借りられる部屋を見つけられましたが、見つけられないときもありました。それはまるで爆撃付きの長期休暇のようでした。今は私の三歳の子どもでさえ、音でミサイルやロケットの種類を言い当てられます。

私の家族は郊外に住んでいますが、もう六カ月も会っていません。やっとのことで会いに行ったとき、政権はその地域も爆撃してしまいました。大人たちと一〇人の子どもたちは玄関で寝ていましたが、誰も一晩中ぐっすり眠ることなどできませんでした。近くで爆弾が爆発し、その衝撃でドアが踊っているかのようでした。爆撃の後は、舞い上がる砂塵や土埃で、空が茶色くなりました。

私たちは家に帰りましたが、爆撃は続きました。私は母に電話するとき、いつもこう聞きます。「お母さんのところは爆撃された？　まだ大丈夫？」って。

**アミン**　理学療法士（アレッポ市）

シリア各地の国内避難民キャンプでは、私の理学療法士としての経験が必要とされていました。なので私はそういったところで勤務していました。私は人々の役に立ちたいという意欲に燃えていました。しかし革命運動が始まって三年経った頃には、人々のリハビリへの意欲は消え失せていました。私が、「あなたが再び歩けるように、私たちはお手伝いしたいのです」と言っても、患者は「もう俺の人生は終わりだ。もう死にたいよ」と答えるのです。もしくは子どもたちに、「学校に行って勉強しないと。ほら、勉強は必要だよ」と言っても、「やだよ。もう車椅子に乗ってあちこち連れ回されたくない。みんなこの姿を見るとからかってくるんだ」と言います。キャンプにはポリオを患っている子どももいて、彼はいつもこう言うのです。「僕が小さな子どもだったときはね……」。彼はまだたったの一〇歳なのに。

誰かが亡くなるたびに私たちは、活動を続けなければ、続けなければと言い続けてきました。でも何を続けたらいいというのでしょうか？　私たちは行き止まりに向かって進んでいるのです。私は多くの友人を失いました。革命運動の中で亡くなった友人もいれば、私が徴兵されている間に亡くなった同じ部隊の同僚もいます。彼らは死ぬには若すぎました。友人のひとりは、彼の唯一の夢は、母ともう一度話をすることだと言うのです。私たちには連絡手段がありませんでした。そして彼はその夢も叶うことなく亡くなりました。

あるとき、また別の友人が、恋人と電話をしていました。「携帯の残高が無くなりそうだから、後でまたアミンの電話からかけ直すよ」。それからしばらくして、その恋人が私の携帯に電話してきて、彼から電話が無いけど、どうしたのかと尋ねられました。私は彼女に、彼は殺されたと告げなければなりませんでした。彼女は泣き崩れ、私の友人は「なぜ彼女にその事実を知らせたんだ」と言いました。「だってそれは本当に起きたことじゃないか。彼は死んだんだ。そんなことは日常茶飯事だ」と私は答えました。

その頃から、私たちは人間らしさを失っていったように思います。携帯の電話帳を見ると、今も生きているのはひとりかふたりです。その友人たちはこう言います。「もし誰かが死んでも、その電話番号を消したりするなよ。その代わり、その名前を〝殉教者〟と変更するんだ」。そうすれば、もしその番号からメッセージが送られてきても、きっとそれは誰かがその携帯を利用し、私たちを罠に嵌めようとしているのだとわかるのです。

なので私の携帯の電話帳には、どこまでも殉教者という名前が並んでいます。

**ジャラール**　写真家（アレッポ市）

初めは、私たちは抗議活動を行う市民の様子を、携帯電話を使って撮影していた。しばらくして、もっといいカメラを入手して、それを使いこなせるようになった。それから外国のジャーナリストたちがやってくるようになった。私は現地の調整役として、彼らとあちこちの現場に赴くようになり、彼らがどのように写真を撮影するのか、観察することができた。二〇一三年までには、私は通信社のフォトグラファーとして働くようになっていた。

ある人々は独特の直観を持ち、戦闘の現場や市井の人々の生活を写真に収める。私は希望を写した写真が好きだった。死に溢れる日常の中で、希望を写したものが。例えば私は、路上でオレンジを売る人々の写真を撮った。彼の背後には完全に破壊された建物が写っている。それは夜のことだった。そこで彼は、かすかな光に照らされたオレンジを綺麗に拭いている、といった光景だった。彼が多くの人々の死を目にしてきたことは疑いない。しかしそういった諸々の出来事にもかかわらず、彼はそこに立ち、おいしい果物を売っているのだ。この光景を目にしたとき、「これこそが人生だ」と思えないだろうか。

同時に、私に言わせれば、こういった人々の暮らしぶりは理解できることだった。体制は国民を極悪非道な群衆だと見なしていた。悪を駆逐するための戦いということで、体制は殺人を正当化していたのだ。家族は分断され、シリアの社会は粉々に砕かれた。どの家族が集まってみたところで、そこには四つや五つ、座る者のない椅子を見つけることができるだろう。

私は以前、子ども三人が樽爆弾により殺された現場の写真を撮ったことがある。私はその父親がすすり泣く様子を写真に収めた。父親はこう言っていた。「私は安全な場所を探すために、ほんの小一時間ほど子どもたちから離れていたのです。戻ってきたら、子どもたちは死んでいたんだ」。私にも四人の子どもがいる。私の将来の目標は、彼らの未来を確かなものにすることだ。子どもたちを喪ったこの父親の未来は、この出来事によって大きく変わってしまったことだろう。もし彼が復讐に燃える怪物になってしまったとしても、私には理解できることだった。

しかしたとえ怪物であっても希望は持っている。彼もまた、いつか普通の日常を送る人間に戻れることを願っているのだ。

**カリーム**　医師（ホムス市）

手術室では絶え間なく手術が行われていました。手術をするたびに、私たちはX線写真を撮りました。X線を照射するのは、ほんの一瞬のことですが、私たちはあまりにも多くのX線写真を撮影していたため、通算すると週に二〇分間X線を浴びていたことになります。あるとき、スナイパーに狙撃された若者が担ぎ込まれてきて、血管の専門家の手術を必要としていました。街は包囲されていたため、誰もその医師のいる病院まで行くことはできませんでした。私たちは電話で専門家の医師の指示を仰ぎながら、その手術を行いました。

ある日曜日、私は病院で夜を過ごし、激しい銃撃戦の音で目を覚ましました。政権軍はババアムール地区に砲撃を開始し、その近隣地域を制圧してしまいました。私たち七人は地下室へと避難し、身を潜めながら、戦車が近づいてくる音に耳を澄ましました。

軍の部隊が病院に突入する音が聞こえました。彼らは発砲し、ガラスが砕け散りました。私たちはもう終わりだと思いました。体制は、医師は反乱軍の味方だと見なしているのです。そのため、もし医師が誰か、デモに参加している本人でなくとも、その兄弟の治療をするだけで、その両人が罰されることになっているのです。

私たちはまるで、殺されるのを待つ羊のようでした。そのとき、あるアイデアを思いついたのです。私たちの中で勇気のある人物がこう叫びました。「いったいどこにいるんですか？　私たちは地下室にいます！」。私たちは、我々が戦闘などできない無力な市民だということを伝えたかったのです。彼らは私たちに地下室から上がってくるようにと言いました。そこで私たちが目にしたのは、八人の完全武装した兵士たちで、リーダーは、ナイフのたくさん刺さったベルトを身に着けたシャビーハでした。彼はアラウィー派の訛りで喋りました。他は、単に徴兵されただけで、何をやっているのか、なぜこのようなことをしているのかも理解していない、年端もいかない少年たちでした。

シャビーハの男は、私たちに再び地下室へ戻るように命令しました。私たちは、きっと彼は地下に手榴弾を投げ込み、全員を殺してしまうのだろうと思いました。しかし突然彼らは病院から去り、静寂が戻りました。三〇分後、今度は違う部隊がやってきて、あちこちを破壊し始め、火を放ちました。

私たちは前回と同じように振る舞い、うまく行きました。彼らはまた私たちに地下室にいるようにと命じました。

私たちは、彼らが降りてきて私たちを殺すのを待つことしかできませんでした。しかしそうはならなかったのです。その代わり、何かが燃えているひどい臭いが地下室まで漂ってきました。このままでは窒息しそうでした。私が上の階に昇ってみると、彼らの破壊した事務室が目に入りました。彼らはそこで金品を漁ることに夢中で、私たちのことなど忘れてしまったのでしょう。そして彼らは、その略奪行為を隠蔽するために火を放っていったのです。

私たちはなんとか火を消すことができましたが、煙が充満していて呼吸することができませんでした。病院の前には戦車が停まっていたので、もし正面玄関から脱出すれば、捕まるか殺されるかしてしまうでしょう。残された道は病院の裏側から脱出することでした。裏の壁を乗り越え、壁の向こう側にある建物に隠れる場所を探すのです。私たちは、その脱出計画を決行しました。ある看護師は二〇〇ポンドを超える巨体でしたが、圧倒的な恐怖のために、彼女もその壁を越えていきました。その後、ちょうどこの建物は、少し前に軍隊が捜査に入った建物だとわかりました。もし私たちが一〇分早くこちら側に脱出していたら、きっと私たちは捕えられていたでしょう。

私たちはその建物に、近隣住民とともに七日間隠れていました。米と古いパンを食べ、電気のない暗闇の中にうずくまっていました。病院にはふたりの患者が取り残されていました。ひとりは集中治療の必要な患者で、人工呼吸器に繋がれていました。看護師と警備員のふたりが、酸素がなくなるまでその患者に寄り添っていました。彼女が息を引き取ると、ふたりも壁を乗り越え、こちらに合流しました。

ふたり目の患者は、脳の前頭葉に銃撃を受けていました。彼はそこに、おそらく一一歳くらいであろう彼の息子とともに取り残されていました。少年は夜中にそこを抜け出て、あちこちのドアを叩いては助けを求め、また父親のところへと戻っていきました。そして私たちが隣の建物に避難してから三日後、軍隊が再び病院に押し入り、彼らふたりを殺してしまいました。私たちは、兵士たちがその遺体を運び出すのを目撃したのです。

ババアムール地区への侵攻は、軍隊が初めて、地対地ミサイルやロケットランチャー、戦闘機を使用した戦闘になりました。国際世論はそれに対し声を上げなかったため、体制はその後もそういった兵器を使い続けました。その後、住民が外に出ても危害を加えないという合意に達したと、体制は通告しました。当時、私はその告知を知らなかったのですが、避難生活が一五日に及んだということに驚いていました。「いったい何が起こったというのだろう？　どうやって私は生き延びたのだろう？　なぜ私は死んでいないのだ？」、そんなことばかりを考え続けていました。

私が家に帰ると、そこには軍隊が駐留していた痕跡がありました。家には野良猫が住み着き、水と油が氾濫していました。ほとんどの家具は盗まれ、残されていたものは破壊されていました。私や妻の個人的な所有物など、あらゆる私生活が侵されていました。兵士たちは壁に言葉を書きなぐっていきました。「これが自由というやつだ」と。

自分の住んでいる地域が、まるでヒロシマのようになってしまった状況を想像できるでしょうか？　全てが破壊されているのです。建物は地面に倒れていました。まるで映画館にいるような不思議な平穏さを感じました。静まり返った街の中で、スズメの鳴き声だけが響いていました。

**ヒバ**　元大学生、薬学専攻（ダマスカス郊外県カラムーン）

私はダマスカスの大学で薬学を学んでいました。私の住んでいた地域も、次第に慌ただしくなっていきました。チェックポイントのせいで、大学へ通うことも難しくなりました。私はその学期は休学をすることにし、私たち家族はカラムーンにある実家に戻ることになりました。

私の父はチャリティ活動を行う組織の理事のひとりでした。私はその組織の人々と一緒に働き始め、シリア国内の他の地域から逃れてくる人々を手助けしました。そういった避難者たちを、私たちは大切な客人だと思っていました。他のプロジェクトも行いました。子どもたちは一日中家の中にいて飽き飽きしていたので、私たちは、そんな子どもたちと一緒に音楽やダンスのショーを開催したのです。

カラムーンはレバノンとの国境近くにあったので、時折争いが起こりました。いつも空爆の後に砲撃が始まり、それが収まるとまた日常が戻りました。ですが二〇一三年一一月は違ったのです。空爆が始まり、その爆撃は二五日間も止まなかったのです。〝カラムーンの戦い〟の始まりでした。

私たちは地下室に隠れていました。父と兄は、私たちと一緒に地下に留まることを拒みました。彼らは爆撃で怪我をした人々が運ばれてくる、チャリティ団体で活動していました。ある日父が戻ってくると、私は父が何か隠し事をしていると気が付きました。そして父は、兄が犠牲になったことを白状しました。銃弾が彼の首を貫いたのです。彼はしばらくの間生きていましたが、誰も彼を助ける術を持っていませんでした。その後、人々は兄の遺体を埋葬するため墓地へ運ぼうとしましたが、そこは戦闘が激しすぎて、彼らは引き返すしかありませんでした。

それからというもの、母の精神状態はひどくなる一方でした。父は、母が少しでも休めるようにと、ダマスカスへ避難するよう私たちを急かしましたが、父自身はカラムーンを離れることを拒絶しました。ここの街は彼の街であり、ここにはまだ、彼にできることが残されていたのです。

私たちは去り、父は残りました。その後体制はカラムーンを制圧し、人々を逮捕し始めました。体制は、自由シリア軍を支援した容疑で、チャリティ組織の理事たちを追っていました。

ある夜、私たちは父の携帯に電話をしたのですが、父の携帯はオフになっていました。私たちは何度も電話をかけ続けました。一五日が経っても、何の音沙汰もありませんでした。その後、父の電話番号からテキストメッセージが届きました。そこにはこう書いてありました。「私は逃げ出した」。逃げ出したですって？　私はそのメッセージに疑問を持ちました。私は、「あなたの妻の電話番号を教えてください」と返信しました。父は母の電話番号を記憶していましたが、携帯には登録していなかったのです。

返事はありませんでした。私たちは待ち続けましたが、父からの電話はありませんでした。それで私たちは、そのメッセージが父からのものではないとわかりました。

私たちは、あちこちの治安部隊の支部に父の行方を尋ねました。何度も何度も、尋ね続けました。私たちの持っているあらゆるコネクションを使い、必要とあらば、言われるがままにお金を払いました。彼らはいつも決まって「翌月にはわかるだろう」と言い続けるだけでした。

数カ月が経ち、あるとき、知らない男性から電話がありました。彼は刑務所から解放されたばかりで、その刑務所内で父と一緒にいたというのです。男性は、「彼は痩せ細ってしまったが、とても強靭な人だ。彼の唯一の心配事は君のことだった」と言いました。私は彼に、どうにかして父にメッセージを送る方法はないかと尋ねました。私が小さな女の子を産んだこと、妹が結婚したこと、そして私たちは安全に暮らしているということ。彼は、やってみると答えてくれました。

時とともに、兄が亡くなったという事実も受け入れるようになっていきました。「これは私たちだけではなく、国中の誰もが経験していること」と自分に言い聞かせながら。これは運命なのです。これは神の定めたことなのです。しかし、父が刑務所に囚われていて、私たちの助けを求めているかもしれないと思うと、自責の念に駆られました。私はできる限りのことをやってきたつもりですが、もっと何かやっておくべきだったのです。

日々の忙しさの中では、そんなことを忘れてしまうときもあります。でも、何か小さなことがきっかけで、そういった思いが蘇ってくるのです。例えば昨年〔二〇一五年〕は二度、大吹雪の日がありました。私は毛布に包まると、すぐにこう考えてしまうのです。「ああ、神様、父はこの寒さの中で凍えてないでしょうか?」。

**オサマ**　高校生（ホムス県アル＝クサイル）

初めて軍隊がアル＝クサイルの街にやってきたとき、やつらは多くの人間を逮捕したり、路上で殴ったりした。二度目、三度目となると兵士たちは市民に向かって発砲した。その後から、街の男たちは武器を手に取るようになったんだ。アル＝クサイルの街はとても危険な状態に陥った。他の街と同様、ここも攻撃に晒された。スナイパーが大通り沿いの高層ビルに配置され、その通りを渡る者なら誰であれ狙撃した。僕の父はバスを持っていて、その通りを渡る人々が撃たれないよう、バスに乗せて運んでいたんだ。父は指名手配され、すぐに捕まり、どこかへ連れ去られていった。

人々は武器を買い、武装グループはどんどん大きくなっていった。僕は一日中家に帰らず、たくさんの質問を人々に投げかけていた。僕は当時まだ中学三年生だったから、家族はみんな、僕の身の安全を心配していた。ある日母が、ヨルダンにいる祖父の容体が悪く、みんなで会いに行かなければならないと言った。僕たちは祖父を訪ねて、すぐ戻ってくることになっていた。でもそれは、僕をヨルダンに連れて行くための嘘だったんだ。僕らはシリアに戻ってこなかった。僕は、だまされて連れてこられたことに腹を立てていた。

そうこうしているうちに、レバノンから、体制を助けるためにヒズボッラーがやってくることになった。アル゠クサイルは国境近くの街だったから、レバノンからシリアへの道の一本がアル゠クサイルを通っていたんだ。自由シリア軍がヒズボッラーを攻撃すると、政権軍が砲撃を開始した。体制は市民が死ぬことなんてまるで気にしてなかった。やつらは単に街を制圧し、同盟を組んでいるヒズボッラーが安全に国内へやってこられるようにしたかっただけだ。ヒズボッラーが街に侵入し、ほとんどの住人が街の外へと逃れたけれど、逃げる術のない貧困層の人々は取り残されたままだった。ヒズボッラーやイラン、ロシアの軍隊が街を取り囲んでいた。

アル゠クサイルの人々は三カ月の間抵抗を続けた。そんなにも長い間持ちこたえられたのは驚くべきことだよ。アル゠クサイルという街の名前は世界に知れ渡ることとなった。きっと君もこんなニュースを聞いたことがあるはずだ。「かわいそうなアル＝クサイル、全てが破壊されてしまいました」。国外から多くの資金が送られてきたけれど、自由シリア軍の別の部隊のリーダーたちが、その金を横領してしまった。街では日々若者たちが命を落としているというのに、彼らはその金を自分たちのポケットに入れてしまったんだ。いつ何時死ぬかもしれないという状況で、なぜ彼らがそんなにも金を欲しがるのか、僕には全く理解できなかったよ。

シリア軍はアル＝クサイルに集中攻撃を行い、占領してしまった。多くの人々が、それが革命闘争の大きな転換点だったと言う。その街は僕の故郷だったんだ。僕は革命が失敗に終わったと感じた。全ての希望が砕かれた。僕はそれ以来、ニュースを聞くことも、事件の詳細を追うこともしなくなった。アル＝クサイルが陥落したとき、僕は難民なんだと感じたよ。

**ラミ**　大学卒業生（ヤルムーク・パレスチナ難民キャンプ）

私はヤルムーク難民キャンプで育ちました。そこは特別な場所です。そこは、ディアスポラによって国を追われた、パレスチナ人の首都のような場所なのです。キャンプと呼ばれてはいますが、そうは見えません。シリアの首都、ダマスカス南部に位置するヤルムーク難民キャンプは、多くのビルが立ち並ぶ、発展した地区です。

周りの町々が紛争に巻き込まれ、住人たちは避難先を求めて、ヤルムークへと逃れてきました。武装勢力にとっても、ヤルムークが中立地帯であることは、暗黙の了解となっていたのです。

二〇一二年七月、ダマスカスにある情報機関の本部が爆破されました。ふたりの大臣が殺され、機関全体がどよめきました。それをきっかけに、ダマスカスの生活は一変しました。政権は沿岸地域から軍隊を呼び寄せ、彼らを街中に配置し、街の内外にチェックポイントをつくりました。

それと同時に、ヤルムーク周辺での争いも激化していきました。武装した市民組織が、ダマスカス郊外県から治安部隊を攻撃しましたが、逆に体制は彼らを取り囲み、包囲してしまったのです。武装組織は物資の補給が必要でした。彼らが唯一補給に使える抜け道が、ヤルムークだったのです。パレスチナ人の指導者たちは、体制と合意のうえ武装をし、そういった反政府武装勢力が、キャンプに入ってくることを防ごうと準備をしました。反政府武装勢力は、パレスチナ人の組織はアサド政権を守っているものと見なしました。激しい衝突が起こり、武装勢力はキャンプへと侵入してきました。彼らはキャンプ中を徘徊し、キャンプを解放したと喚きながら、映像を撮っていました。

ある日突然、様々な勢力による攻撃がキャンプを襲いました。それはモスクと学校を狙っていました。その破壊音と死者、負傷者は恐ろしいものでした。住民は、ついに自分たちも紛争に巻き込まれたのだと気づきました。凄まじい衝撃と混乱、恐怖がありました。翌日の早朝、大量の市民が脱出を始めました。キャンプに住んでいた一五万人のパレスチナ人の大部分が、荷物をまとめ、去っていったのです。そして私もそのうちのひとりでした。

私の知る限り、それがヤルムークキャンプの最後でした。人々はそれを二度目のナクバ*と呼びました。ヤルムークのナクバと。街に残ったのは、わずか二万人ほどだけでした。彼らは社会的弱者だったのです。

空爆が二週間続きました。もしキャンプを逃れようとしたら、スナイパーに殺されてしまうでしょう。包囲は徐々に厳しいものとなり、完全に封鎖されてしまいました。街の入り口は砂袋とコンクリートで塞がれてしまいました。それは集団に対する刑罰のようでした。まるで政権はこう言っているようなものです。「お前たちは反乱軍を街に入れた。これはその罰だ」と。キャンプ内にいた武装勢力は、他に争う相手もなく、同士討ちを始めました。

＊一九四八年の戦争によりイスラエルが建国され、パレスチナ国内にいた半数以上のアラブ人が避難し、難民化したことを、パレスチナの人々はナクバ、大災厄と呼ぶ。

**ウム・ナジ**　母親（ヤルムーク・パレスチナ難民キャンプ）

私たちはキャンプの封鎖がまだ部分的だった頃に避難するべきでしたが、まさか完全に封鎖されてしまうなんて考えてもいませんでした。初めは、チェックポイントが閉じ、ある区域が封鎖されることがあっても、次の日には開きました。それからすぐ、そのチェックポイントは二度と開けられることがなくなりました。その地域内にいた人々は内部で身動きがとれず、外にいた人々も戻ってくることができませんでした。

私は九カ月の間、その包囲下で生活をしていました。家には食料の備蓄がありましたが、しばらくすると、私たちは食料を食べ尽くしてしまいました。武装勢力や政権軍が商店を襲ってしまったため、市民には何も残されていませんでした。お金を持っていても、買えるものがないのです。食べるものがないので、夫が雑草や葉っぱを集めてきて、私たちはそれをオリーブオイルで揚げて食べました。しかしその後、その雑草すらも見つけることが困難になりました。四人の子どもたちは痩せ細っていきました。彼らはしゃべる元気もなく、床に横たわっていました。子どもたちは私の目の前で、死にそうなほどお腹が空いていましたが、何もできることがありませんでした。

私のおじは、私たちを外に逃がすためにあらゆるコネを使いました。彼は通行許可を得るために、様々な情報機関に懇願し続けました。そのおかげで、私と子どもたちの通行許可を得ることはできたのですが、夫は残らざるを得ませんでした。私たちがチェックポイントに到着すると、最初は断られてしまいましたが、丸一日そこで待ち続けていると、ついには彼らも私たちを通してくれました。

**ユセフ**　元医学生（ハサカ県アルシャダディ村）

僕は医大の二年生だったときに逮捕され、五カ月を監獄の中で過ごした。ＩＳＩＳが現れた頃、僕は再び家に帰ることができた。

シリアの東部には油田があり、ＩＳＩＳはその重要性を認識していた。ＩＳＩＳは僕らの村を奪い、そこからシリア国内最大の石油埋蔵量を誇る、デリゾールへと侵攻したんだ。政権軍は空爆でＩＳＩＳを支援していた。反乱軍や市民が爆撃に晒されたんだ。ＩＳＩＳではなくね。今（二〇一六年）では、ＩＳＩＳはその地域の油田を全て収奪してしまった。彼らは武器や麦、あらゆるものを持っていた。

ＩＳＩＳは、一部の人々が言うような、全く異質の集団ではない。彼らは普通の人々だ。彼らは他の組織と同じように、ひとつの組織なんだ。多くの男たちが、女たちが、ＩＳＩＳと戦う準備をしていた。僕らは十分に彼らを叩き潰せたはずだが、必要な武器が手元になかった。誰も僕らを支援しようとはしなかった。その代わり、アメリカの主導する連合軍が空爆を開始した。二カ月前、二七人もの人々が、パンを待つ列に並んでいる間に殺された。連合軍の空爆が彼らを殺したんだ。空爆は国を壊滅させた。飛行機が最大の被害をもたらしたんだ。そして、ＩＳＩＳは飛行機を持っていなかった。

**ハーケム**　農業技術者、薬剤師（デリゾール県）

自由シリア軍は、デリゾール県にある私たちの地域を統制下に置きました。しかし全ての病院は体制の管理下の地域にあったので、私の友人は自宅を野戦病院にしました。私は薬剤師だったので、そこでボランティアをしていました。あるとき、若い男性患者の、心臓の側に撃ち込まれた弾丸を取り出す手術を行うことになり、私も手伝いました。電気がなかったため、私たちは携帯電話の灯りを頼りに手術を行いました。その手術を行ったのは獣医でした。

自由シリア軍とヌスラ戦線が私たちの地域にいました。人々はその混乱と治安の悪化に文句を言っていました。ＩＳＩＳがやってきて、警備体制をつくり、誰も法を犯さないようにすると主張しました。彼らは重火器やハマー、戦車を持っていました。彼らは、本当に一国の軍隊のように強かったのです。自由シリア軍とヌスラ戦線は、彼らを止めるほどの武器を持たず、ほとんどの構成員は、ただその場から逃げ出しました。

私は一年半の間、ＩＳＩＳの統治下で暮らしました。ＩＳＩＳの連中は、私たちに通りに出てきて、人々の首を切断する様子を見るように強要しました。それは子どもたちにとって、とても恐ろしい光景でしたが、子どもたちは次第にそういった光景に慣れていきました。街中の広場に遺体が吊り下げられていたり、木の枝に首なしの遺体がぶら下がっていたりしても、それはもはや日常の光景でした。彼らは二、三日遺体を公衆の面前に放置して、その後どこかへと捨てました。ISISは石油の精製所を奪い取り、それは自分たちのものであると公言しました。人々はISISに税金を支払わなければいけませんでした。ほとんどの住民は十分なお金を持っていませんでしたが、支払わなければ罰せられました。

ロシアの戦闘機や、有志連合軍が攻撃を始めたとき、私はデリゾールにいました。いったいどれだけの人が殺されたか、私はその人たちの名前を記したリストを持っています。どういうわけか、私は彼らの名前を記録していたのです。

**タリア**　テレビニュース特派員（アレッポ市）

アレッポの、政権軍の支配地域と、体制から解放された地域の間にあるその通りは、〝死の交差点〟と呼ばれていました。そこは四人の政権軍のスナイパーの射程内で、彼らは無差別に人を撃ちます。一万五〇〇〇人の人々が毎日その道路を渡り、そのうちの二〇人ほどが殺されます。

私は解放区に住んでいました。娘が目の病気を患っていたので、私たちは体制の統治下の街まで出かけていかなければなりませんでした。境目の通行が閉まる午後四時前は、スナイパーたちが最も過激に銃撃をする時間帯でした。私たちは何とか三時四五分には戻ってくることができました。銃撃が始まったとき、ちょうど私たちは道路を渡ろうと踏み出したところでした。私たちはみな地面に伏せ、それから私と娘は起き上がり身を寄せました。すぐ横にいた男性は起き上がりませんでした。撃たれていたのです。私は泣きだし、娘はコーランを詠唱し始めました。それから道路の反対側に渡るまで、三〇分もかかりました。

当時夫はトルコにいたため、母と子どもたちは私が面倒を見ていました。家に電気は通っていませんでした。ほんの時々、電灯やテレビをつけられるほどの電気を使えるだけでした。水道もなかったため、私たちは井戸を掘りました。人々は毎日井戸に降りて行っては、小さな缶に水を溜め持ち帰りました。近隣住人みんなが家族のようでした。暖を取るものもなかったので、私たちは旧式の車から燃料を抜き取って燃やし、温まりました。それはひどい悪臭を放ちました。息子はその汚れた空気や、爆弾の煙、ゴミを燃やす煙によって喘息になってしまいました。

初めて樽爆弾が投下された日のことを覚えています。家が揺れ、全ての窓ガラスが砕け散りました。爆弾は私の娘の学校の近くに落ちたようでした。私は息子を近所の人に預けると、娘を迎えに学校へと向かいました。学校に向かうまでの距離は、人生の中で最も長い距離に感じました。もしかしたら娘は死んでしまったのではないか、そんなあらゆる可能性が脳裏をよぎっていました。もしかしたら私は、千々に引き裂かれた娘の肉片を目にすることになるかもしれない。灰と瓦礫に埋もれているかもしれない。娘と無事再会したとき、私は二度と娘を学校に行かせないと決めました。二週間後、その学校は爆撃され、一六人の子どもたちが亡くなりました。

**マルセル**　活動家、ブロガー（アレッポ市）

私は中流階級の家庭に育ちました。私はアレッポの解放区に移り住みましたが、そこは貧困層の人々が多く暮らす地区でした。私は女性ですが、頭にスカーフを被っていませんでしたし、ひとりで暮らしていました。その地区にそんな女性はひとりもいませんでした。近隣の人々は、「なぜあの女性はここに住んでいるのだろう？　なぜ他の中流階級の人々のようにヨーロッパへと避難しないのだろう？」と不思議がりました。

それは私の人生で最も大変な挑戦でした。解放区に移り住むということは、いつか自分は戦闘に巻き込まれて死ぬということを意味しました。しかしその事実を受け入れることで、私は大きく変わっていきました。それは私の精神に、そして何を選択して生きるのかといったことに、大きく影響を与えました。私はいつも自問自答していました。私は人を殺せるのかどうかということを。そして、その地区で暮らしていると、そのような自問自答を繰り返す人々と多く出会いました。例えば、「もし私の子どもに何かあったら、私はその相手を……」という母親たちがいたのです。

空爆に晒されながら生きるということは、バラバラになった遺体を目にするということでした。そんなに多くの死を目にすることは、普通はなかなかありません。樽爆弾は、ビルをまるで段ボール箱のように簡単に壊してしまいます。全てを失い、人生をやり直すためのものも残されていない人々をたくさん目にしてきました。そのたびに自責の念に駆られるのです。何かもっと違ったやり方があったただろうか？　いや、何もしなければよかったのだろうか？

その年は非常に厳しい状況が続いていました。特に女性にとってひどい年でした。それは、ちょっと二時間ほどデモに行く、というようなことではないのです。人生全体に関わることでした。友人たちは、私がひとりで外を歩くことに反対していたので、いつも喧嘩が絶えませんでした。私は自分をフェミニストだと自覚しているので、こう言うのです。「ちょっとジャガイモを買いに行くだけだっていうのに、本当に着いてくるっていうの？　勘弁してよ」。するとこういう返事が来ます。「いまは戦時中なんだ」。そして私はこう答えます。「違う、これは革命だよ！」。

反政府武装勢力が活動家を集めて会議を開くと、女性は私だけでした。みな驚いてこう言ったものです。「我々は活動家に集まれとは言ったが、まさか彼女が来るとは思わなかった」。「性別は関係ないじゃない。さあ、話しましょう」と私は言いました。

ＩＳＩＳが勃興しました。初めは、誰も彼らが何者なのかわかりませんでした。ある日、こんなことがあり、私は彼らが問題のある組織だと気づきました。ＩＳＩＳのヨルダン人兵士が、通りに子どもたちを集めました。彼は、私に向かって石を投げた子に一ドルをあげると言っていたのです。私がスカーフも被らず、兄弟以外の男性と歩いていたという理由だけで。当時、まだＩＳＩＳの兵士たちは数が少なく、十分な権力もなかったため、私を直接拘束することはできませんでした。

誰も石を投げたりしませんでした。しかし子どもたちの親が私のところに来てこう言いました。「怖がらないでくれ、でもこういうことがこれからも起こるんだ。私たちの子どもは君に石を投げたりはしないだろう。けれど、もしかしたら石を投げる人々もいるかもしれない。君がここで暮らすのは危険すぎる」。

私は友人と家を交換して移り住みました。その後また他へと移りました。そういった生活が日常となりました。荷物を詰めて、どこかへ逃げる。ときには、荷物を詰める間もなく逃げ出さなければならないこともありました。

ある日ＩＳＩＳの兵士が私を呼び止めこう言いました。「そんな恰好で出歩いてはいけない」。それはベルギー人の兵士でした。私に言わせればおかしなことです。外国からやってきて、私の服装に文句をつけるというのですから。彼は「ここはイスラムの土地だ」と言いました。私は、「いいえ、ここはシリアよ」と答えました。

私たちの口論は激しくなっていき、私はついに叫びました。すると自由シリア軍の兵士たちがやってきて、「私たちの娘に何をしているんだ？」と問いただしました。おかげでその場は収まりました。

それからまた、ＩＳＩＳの兵士に呼び止められることがありました。三度目には、彼らはバンに乗って後をつけてきたのです。その頃までに、すでに五、六人の友人たちがＩＳＩＳにさらわれていました。彼らは私も誘拐するつもりだったのでしょう。そういう状況になってしまっては、私も強がってはいられませんでした。私は馬鹿でした。私は、「しょうがない。ほんの少しだけ、この国を離れて様子を見守ろう」と思い、トルコへ逃れました。その移動の間中、私は赤ん坊のように泣いていました。

**ハニーン**　大学卒業生（ダマスカス郊外県ダラヤ）

初めて虐殺の現場を経験したのは、ラマダン月のことでした。私は姉の家にいましたが、外にはスナイパーがいて、自宅へ帰るのは危険でした。スナイパーは私たちの家の側に潜伏しており、通りを歩いている人なら誰であろうと殺しました。

数日が経ち、私たちはついに自宅へ帰ると決心しました。私たちはスナイパーに見つからないように、細い裏道を通りました。なるべく壁の近くを歩き、壁から壁へ、急いで移りました。無事家に着くと、ミサイルやロケット弾による砲撃が始まりました。私たちはどこか爆撃を避けられる地下を探しに、再び外へと出て行きました。スナイパーはまだそこにいました。集団で移動しては、スナイパーに簡単に見つかってしまうので、私たちはひとりずつスナイパーの側を駆け抜けました。

無事地下に隠れられる場所を見つけました。その地下室には路上の高さに小さな窓があったので、私たちは治安部隊の後ろに戦車が続いていく様子を見ることができました。人々の叫び声が地下にも響いてきました。私たちは、誰かが誰かから聞いた噂で、政権軍が地下に逃れた人々を拘束していると知りました。

私たちは恐怖に慄きました。私たちは、どんなことであれ起こりうると考え、地下で死ぬよりは地上で死にたいと話し合いました。夜まで待ち、またもや自宅まで、できるかぎりの速さで駆け戻りました。家に着くと、電気もない夏場だったこともあり、食料は全て腐っていました。他に食べるものもないので、私たちはカビの生えたパンを食べました。私たちは、携帯電話や宝石、写真といった価値のあるものを隠しました。治安部隊がやってきても、探そうとは思わない場所を選び、埋めて隠したのです。

治安部隊が私たちの住む通りまでやってきて、六人の若い男性を処刑しました。私たちは恐怖のどん底にいました。その後兵士たちは他の地区へ行ってしまいました。彼らが戻ってくるのかどうか、私たちには知る由もありません。

私たちは何日も外へ出ることがありませんでした。そのうち大学の試験の日となり、私はその試験を受けに行きました。途中で治安部隊に止められるのではないかと恐ろしかったです。なぜこんなときにテストを受けに行ったのか、自分でもわかりません。私たちは、ただ自分たちの日常を継続するより他になかったのです。

二度目の虐殺は化学兵器による攻撃でした。状況はさらに悪化しており、姉は自分の子どもたちのことを心配していました。姉はどこか他のところへ避難したがっていたので、私も一緒に避難することにしました。私たちは、ほんの二、三日、家を離れるだけのつもりでした。

その翌日、政権軍が化学兵器を投下したのです。それは私たちの家のすぐ近くに着弾しました。私のおじといとこは、それによって命を落としました。それは肉体を内側から焼く猛毒のようでした。当時は、それが化学兵器であるとは誰も知りませんでした。体に傷も残らず、見た目にはどんな症状も現れず、ただ、死んでいくのですから。

**シャーム**　難民救済ワーカー（ダマスカス郊外県ドゥーマ）

ドゥーマ中にロケット弾が落ちてきました。砲弾は通りやビル、マーケットにも着弾し、目の前でビルが崩れ落ちたこともありました。私は犠牲者の遺体に囲まれて生き延びました。あるときはロケット弾が子どもの体を数えきれないほどの肉片にしてしまい、私たちはそういった遺体を自らの手で片付けなければなりませんでした。しかし、ばらばらになった遺体の全身を集めることはできませんでした。ただ手だけが見つかったり、足や、頭が見つかったりといった具合です。

私たちは赤新月社［イスラム諸国の国際赤十字社］の緊急対応チームに所属していました。ユニフォームを着て、緊急車両に乗って活動しています。軍隊であっても、私たちを邪魔してはいけないことになっていました。しかしあるとき、軍隊は私たちに銃を突きつけ威嚇しました。兵士たちが救急車の中から、患者を無理やり引きずり降ろすこともありました。そんなとき私たちは、口を開くことすらできませんでした。

ある日、兵士たちが友人のチームを拘束しました。兵士たちは彼らを壁に向かって立たせると、頭を撃ちました。私たちは病院に搬送される彼を追いかけ、治療の結果を待ちました。誰かがやってきて、彼が亡くなったことを告げたと同時に、私は気を失いました。他の友人が私を担いで運び、もうひとりの友人が寄り添って看病してくれました。そのふたりの友人も、後日殺されてしまいました。私の友人たちはみな殺されてしまったのです。

情報部の役人が、私の夫のムニールを三度目に逮捕してしまったとき、私は彼らに泣きすがりました。「お願いです、どうか彼を連れて行かないで。もうこんなことうんざり。もう我慢できない」。すると役人はこう言いました。「何も問題ない。ほんの小一時間ほど拘束するだけだ」。

その小一時間は一年と一カ月にも及びました。初めの五カ月間は、彼が生きているのか死んでいるのかすらわかりませんでした。〝雲散霧消する〟という表現を知っていますか？　まるでバミューダ・トライアングルで失踪したかのように、夫は消え失せてしまったのです。弁護士たちはこう言いました。「私たちが彼を見つけ、助け出す」と。でも彼らは嘘ばかりついていて、私は延々とお金を払い続けていたのです。

五月の終わり頃、私の携帯に見知らぬ番号から電話がかかってきました。私はひどい精神状態だっったため、弟に代わりに出てもらいました。私は誰かと喋る気になんてなれなかったのです。すると弟が電話口で、ムニール、と夫の名前を口にしました。私はほとんど正気を失いそうになりながら、弟から電話をひったくりました。夫は、他の刑務所に移送され、そこからなんとか電話をかけてくることができたというのです。

八月には、化学兵器による攻撃が行われました。人々は、これは私たちにとっての最後の審判の日だったと話します。通りに出ると、人々が車の中で硬直していました。窒息死していたのです。私の同僚は、遺体を回収しに行って、そこに一滴の血も流れていない現場は初めてだったと語りました。私は、そのガスが夫のいる刑務所まで広がっていったというニュースを耳にしました。夫のことを考えると恐ろしくて死んでしまいそうでした。後になってわかったのですが、ガスの悪臭は刑務所まで届き、収監されている人々は咳こんでいたということです。いったい何が起こっているのか、彼らには見当もつきませんでした。

アメリカのオバマ大統領が声明を発表し、化学兵器の使用は到底許容できないと言いました。人々は、これで体制も最後の時を迎えるだろうと思い喜び、祝いました。「ついにアサドが追い出されるぞ！」と私たちは思ったのです。私たちは喜びで興奮していましたが、結局アメリカは何もせず、また絶望へと突き落とされました。

話は変わりますが、とある政府に繋がりのある人間が、もし私が十分なお金を支払うのなら、夫を監獄から解放することができると言ってきました。ただし問題点は、その後即座に国を出なければいけないということでした。そして夫が解放され、私たちはその後一カ月半シリアに留まり、国を離れました。

これまで経験してきた全てのことが、私たちにひどい苦痛を与えてきました。私たちは欠かさずニュースをチェックします。この人はまだ生きている、この人はもう殺された。信じてほしいのですが、もし世界各国が早い段階から介入していたら、こんなにもひどい状況には決してならなかったでしょう。私たちシリア人が宗教原理主義者だと考えている人たちもいます。しかしラマダンの間に断食を強要するような人など誰もいません。私はタバコだって吸います。夫のムニールは断食をしますが、朝起きると私にコーヒーを入れてくれます。誓って言いますが、このような混乱が起きる前は、人々はあなたがムスリムかクリスチャンかなんて、聞いたりしませんでした。私たちは友人がどんな宗教を信仰しているかすら知らなかったのですから。

でも、そんなことは今やどうでもいいのです。もし今この瞬間に死ぬとしても、別に気にしません。全てを忌み嫌うに十分な経験をしてきましたから。人間性などというものには反吐《へど》が出ます。私たちは生きる屍《しかばね》なのです。時々夫にこんな冗談を言います。どうせなら全てのシリア人を一カ所に集めて、まとめて殺してしまえばいいのに。そうしたらこの現実にも幕を閉じることができると。私たちは死んで天国へ行き、バッシャール・アル＝アサドは誰もいない国を支配し続けるのです。

第Ⅶ部

# 祖国からの逃亡

**タリア**　テレビニュース特派員（アレッポ市）

国を去る前の最後の夜は、私の人生で最も長く感じられました。子どもたちの他には私ひとりしかおらず、空には夜の間中、絶え間なく戦闘機の音が響いていました。戦闘機の音というものは、樽爆弾の音よりも恐ろしいものです。戦闘機の音が聞こえてくると、いつ爆弾を落とされるだろうかという不安がずっと続くからです。その時間を耐え続けることは、一度の爆撃よりもよっぽどしんどいものなのです。

翌日本当に国を逃れられるのか、それとも今晩死んでしまうのか、私にはわかりませんでした。以前、ばらばらの肉片になった子どもたちを見たことがありますが、自分の子どもたちのそんな姿を目にできるほど私は強くありません。何としても子どもたちを守らなければならないのです。

目を覚ました子どもたちに服を着せました。二枚の紙片に、私たちの名前と電話番号を書きとめ、子どもたちの服のポケットに入れておきました。もし殺されても、それが誰なのかわかるようにです。

外に出て迎えの車を待ちました。私は家の前の地面に口づけをしました。もう二度とここに戻ってくることができないということは、わかっていましたから。

**ガサン**　アーティスト（カーン・エシュ・シエ・パレスチナ難民キャンプ）

一九四八年、私の祖父はパレスチナを離れました。家族はゴラン高原に移り住み、ゼロから生活を築いていきました。一九六七年、イスラエルがゴラン高原に侵攻してきたため、私たちは避難を余儀なくされ、またゼロから生活を立て直したのです。最終的にはカーン・エシュ・シエ・キャンプと呼ばれる土地に移り住みました。そこは貧困地域だったので、私たちにも何とか土地を買うことができたのです。

私は高校二年生のときに退学しました。私はアラビア書道や絵を描くことが大好きでした。初めは仕立屋として働いていましたが、その後広告やグラフィックデザインの職に就きました。それから一〇年の月日をかけ、事業を発展させてきました。商売はうまくいき、ついにもう一度学業に戻れるくらいの余裕が出てきました。高校を卒業すると、その後芸術大学へと入学しました。それは二〇一一年のことでした。私は三八歳で、四人の子どもがいました。

カーン・エシュ・シエは包囲され、自由シリア軍が、軍事拠点として駐留するようになりました。体制は市民を爆撃し、自由シリア軍を追い出すように圧力をかけました。激しい衝突が起こり、私は妻と子どもたちを連れて避難しました。しばらくの間、私たちは二八人もの他人と一緒に、ひとつの家に住んでいました。

月日が流れていきました。私は、来月か再来月、もしかしたらその翌月くらいには体制が崩壊するのではないかという希望を持ち続けていました。私の兄弟はドイツに避難しましたが、私はシリアを離れるつもりはありませんでした。ヨーロッパに移住し、もう一度ゼロから何かをやり直すなんてできっこないと思っていたのです。私がシリアで築いてきたものは、決して偉大ではないかもしれませんが、私にとっては巨大なものだったのです。自分で会社を立ち上げ、それなりの業績を上げ、名声もありました。学業を続けるという夢もありました。シリアを去るということは、それら全てを投げ出し、また新たに何もないところからスタートするということでした。

芸術大学の最初の一年を修了しました。私の借りていたアパートに、妻と子どもたちが移ってきました。子どもたちは、最後に会ったときに比べて随分と大きくなっていました。ある年齢の子どもたちは、ほんの一年で大きく変わるものです。息子は一二歳になり、とても背が高くなっていました。

それから数カ月が経ちました。デザインの仕事は忙しく、自宅でも仕事をしなければいけないほどでしたが、電気が無く作業できませんでした。私は大学を休学し、車を売り、新たにタクシーとしても利用できる車を買いました。会社は立ち行かなくなり、安定した収入を得るために、私はタクシー運転手として仕事を始めました。

子どもたちは新しい学校に入学し、私は彼らをタクシーに乗せて送り迎えしました。一キロメートル走るごとに、体制のチェックポイントがありました。あるとき、兵士に止められ、息子のIDを見せるようにと言われました。私は、「彼はまだ一二歳です」と答えると、兵士は訝しげに「本当か？」と言いました。私は、息子の年齢を証明するために、学校のノートを見せました。

同じようなことが他にも三回ありました。兵士たちは年齢を気にします。その少年がすでに徴兵される年齢に達しているかどうか、知りたがっているのです。「もし息子が私と一緒にいないときに兵士に呼び止められたらどうしよう？　きっと兵士たちは彼が一二歳だと信じないだろう」と考えずにはいられませんでした。息子が軍に連れ去られることを考えると恐ろしくなりました。それは悪夢のようなものです。

私たちも国を離れるしかない、と決意しました。私がシリアに留まっていたかったのは、これまで私が築いてきたもののためでした。しかしそれは自分勝手というものです。そのために、子どもたちの未来を危険に晒すわけにはいきません。会社にある全てのものを売り払うと、まるで自分の一部を売っているように感じました。唯一私がシリアから持ち出してきたものは、ペイントブラシとペンだけでした。

**ウム・カレッド**　母親(アレッポ市)

私たちの家は爆撃され、頭上で崩れ落ちました。私たちは、シリア国内をあちこち移動しながら暮らしていました。お金は全て使い果たしてしまいましたので、田舎へと移り住みました。ひとつの家に三五人が暮らしていました。女性がひとつの部屋で寝て、男性はもうひとつの部屋で寝ました。そこでも戦闘が始まったときは、三〇〇人を超える人々とともに、地下の防空壕で過ごしました。

末娘のハヤットは小学一年生でした。彼女は夜中にうなされて目覚め、叫び出すので、夫が抱きしめました。夫はついにこう言いました。「もう君たちはこんな生活に耐えられないだろう。このままではおかしくなってしまう。君たちを他の国へ逃がすしかない」。私は「あなたも一緒に来るんでしょ?」と聞きましたが、夫は、「いや、逃げるのは君たちだけだ」と言いました。彼はシリアに残るつもりだったのです。なぜなら結婚して四人の子どものいる長女が、シリアに残されていましたから。

そして私たちはレバノンに移り住み、夫と長女はシリアに残りました。私は夫に、頼むから国外へ脱出するようにと言いましたが、彼は「長女がまだシリアにいるし、彼女のことを見守りたい。私や君の兄弟姉妹、その子どもたちだって残っている。私は離れるつもりはない。大切なのは、君たちのことを心配しなくて済むことなんだ」と言いました。元気でやっているか？と夫は聞き、私は問題ないと言いました。実際にはひどい状態でしたが、彼に心配をかけたくなかったのです。

私たちは暮らすことのできる倉庫を見つけました。私はいくらかの金製品を持っていたので、そのいくつかを売り、賃料に充てました。そこには電気も水も、何もありませんでした。でも少なくともそこは、私たち全員が寝ることのできる場所だったのです。私と私の子どもたち、孫たち、それに肝臓病を患っている義理の息子です。私は専業主婦だったので、外で働いた経験はありませんでした。それでもなんとか職を見つけ、半年間工場で働きました。夫にはそのことは黙っていました。

あるとき、戦闘機の爆撃で七人が亡くなったというニュースが届きました。そのうちのひとりが私の夫だというのです。彼がそのとき家の中にいたのか、外にいたのかはわかりません。家は完全に吹き飛ばされてしまっていましたから。いったい何が起こったのか、私は情報を得ようと必死でした。人々はこう言いました。他の人々と一緒だよ、通りにいてミサイルが飛んできた、それだけさ、他に何も知りようがない、と。彼の埋葬の様子を写した写真が送られてきて、私は彼の死を受け入れました。

それが三年前のことです。彼が亡くなったとき、私たちの宗教の慣習に倣って、私はしばらくの間、喪に服さなければいけませんでした。私は仕事を辞め、家に閉じこもりました。食べ物も飲み物も、底を突きました。シリアにいた娘たちが、どうにかして私たちのところに逃げてきました。ひとりは妊娠八カ月でした。彼女の夫は国境を越えられませんでした。彼女は病んでいました。立ち上がろうとすると、気を失ってしまうのです。彼女が死んでしまうと思い、私は泣きました。

私はビルの階段や窓を清掃する仕事を見つけました。その頃までに、倉庫で暮らす人数は一八人になっていました。私の四人の既婚の娘たち、三人の義理の息子、その九人の子どもたち、末っ子のハヤットと、私です。冬は寒さが厳しく、私は薄い掛布団を買って床に敷き、子どもたちを寝かせて包みました。彼らが目覚めると、私がその掛布団に潜り込みました。

ハヤットが突然夜中に叫び出しました。「お母さん！　お父さんが殺された！」。私は、「心配しないで。お父さんの魂は、神さまの元で安らかに過ごしていますよ」と言いました。他の子どもたちはこう言います。「おばあちゃん！　見て、ネズミだよ！」。私は言います。「気にしないで、別に悪さはしないから」。

**サファ**　母親（ホムス市）

ホムスにはもはや安全な場所などありませんでした。包囲が解かれることはなく、銃撃戦も止みませんでした。パンも水もなく、電気もありませんでした。もはやそこで生活を続けることは不可能でした。

神のご加護もあり、私たちはレバノンに避難してくることができました。しかしここでの生活もまたひどいものでした。ボロボロの掘っ立て小屋が立ち並ぶ地区での生活は、衛生状態も悪く、子どもたちは感染症にかかってしまいました。雨が降ると、金属板の屋根は雨漏りしました。ヒーターは咳をするように唸り、家中塵だらけになりました。水道水はひどく汚れていて、野菜を洗うことすらできませんでした。息子は不潔な環境のせいでアレルギーを発症しました。夫の耳は感染症で腫れ、膿がこぼれてきました。そして虫！　夏になるとあらゆる種類の虫たちが湧き出てくるのです。

このあたりの借家は全てひとりの地主のものでした。地主は賃貸料を都合よく変更しました。初めは、私たちの家の賃料は月に二三〇ドルでした。バスルームはひどい状態でした。キッチンもありません。私は持っていた貯金の全てをはたいて家の修繕を行いました。そしてそのために、地主は賃料を三〇〇ドルに値上げしたのです！「もし気に食わないなら出て行けばいいだろう」と地主は言いました。

誰もがシリア人を利用しました。病院に行くと、彼らは診療もしないのに、私たちが訪れた記録だけ残し、国連にその費用を請求するのです。彼らは儲けると同時に、シリア人に対して不平も言うのです。他にも、ある組織は寄付を人々に分配していたのですが、残りをひそかに蓄えていました。あるときクウェートからシリア難民に服が送られてきたのですが、組織はその服をくすね、代わりに古着を分配しました。神に誓って本当のことです。シリア人たちは寄付をめぐって争いを始め、レバノン人たちは、その寄付は自分たちが預かるべきだと騒ぎました。

レバノン人の労働者は、一日二〇ドル以下の給料では働きませんでした。そのため雇用主は、レバノン人を解雇し、代わりにシリア人を一日一〇ドルで雇いました。その結果、貧しいレバノン人と貧しいシリア人との間に緊張が生じました。私の夫は、路上のコーヒー売りを始めることができました。夫は朝四時に家を出て、客を探しながら街を歩くのです。どこかの街角に長時間立っていると、レバノン人に他所へ行けと言われます。彼は一カ所に長く留まることはできませんでした。

私の兄弟は、あるビルの管理人として働いていました。彼は給与を貰えず、その代わりに宿泊する部屋をあてがってもらっていました。彼はバイクを持っていたのですが、あるとき盗まれてしまいました。彼は近所の男たちがそのバイクを盗んだことを突き止め、その男たちを告発しに行きましたが、警察はこう言いました。「悪いことは言わない。騒ぎを起こすな。何も得られないどころか、反対にあんたが言いがかりをつけられて彼らに訴えられるぞ」。

国連はシリア難民ひとりあたり、月に三〇ドルの支援金をくれました。しかしその後、彼らは資金が尽きてしまったと言いました。小さな子どもを抱えたある女性が、支援を求めて国連に登録しに行きました。国連職員は彼女に待つように言いました。それはとても屈辱的なことでした。彼女は強い日差しの下で何時間も待たされ続けたのです。その後彼らは、「また明日」とか「明後日また来てください」などと言いました。最後には、彼女は自分自身に燃料をかけ、火を放ってしまいました。国連のビルの、目の前でのことです。

私たちを守ってくれるものは何もありません。国も、政府も、法律も、いえ、人権もないのです。動物たちの方が、私たちよりも多くの権利を持っていることでしょう。

**ブシュラ**　母親（ダマスカス郊外県アルテル）

今の子どもたちは、何か職業に就くために学校へ通おうとは思っていません。逆に、職を得て働けば、いつか学校に行けるのではないかと考えているのです。子どもたちの最も大きな夢は、何か職を見つけることなのです。もしくは、きちんとした家に住むことです。時々私は女性活動センターへ行きます。あるとき、そこに娘を連れて行ったことがあります。彼女はとても興奮していました。毎日テントで暮らしているものですから、本物の壁と床に驚いたのです。彼女は言いました。「ねえ、壁の横に立っている写真を撮って！」。

**アブデル＝アジズ**　フランス語教師（ダラー県ソウラ村）

ヨルダンのザータリと言えば、死の土地です。ヨルダン政府は木も生えず、動物も生きていけない場所を見つけ、そこにシリア人の難民キャンプをつくったのです。あるとき、キャンプ内で蝶が飛んでいるのを見つけました。みんな興奮し、外に出て来て見てみなよ、と互いに大声で呼び合いました。こんなところまで来るなんて、蝶は本当に迷子になってしまったに違いありません。

**エヤッド**　ロー・スクール卒業生（ダマスカス郊外県ダラヤ）

エジプトでの生活は楽じゃない。僕らは生きてはいたが、それはとても本当の生活とは呼べないものだった。上司はいつも僕を罵り、侮辱したため、とうとう仕事を辞めてしまった。

エジプトにやってきて七カ月が経った頃、ある友人が、共通の知人のひとりが人々をボートでヨーロッパに密入国させる仕事をしていると教えてくれた。冗談にすぎないと思っていたが、後になって、それは本当のことだとわかったんだ。ひとりにつき四〇〇〇ドル。それはエジプトでの生活では、年収か、それ以上の額だった。

友人たちと僕は、金を借りられないかと頼んで回ったが、十分な額を借りることができたのは、仲間内でもたったのふたりだった。彼らがヨーロッパに着いたと聞いて、僕は羨ましかった。僕もそのときに何とかして行けていたらよかったのに。

三カ月後、他の友人が僕に、ヨーロッパに行くつもりはあるかと尋ねてきた。そのときは手元に十分な資金を持っていた。僕たち一〇人の若者は、密入国業者に話をしに行った。彼はこう言った。「もしあんたらが撃たれたり殺されたりしても、助けることはできない。でも万が一、二〇日経ってもイタリアに着かないようなら、金はあんたたちに返すよ」。

僕らは荷物をまとめて時を待った。ある日、密入国業者の男がやってきて、「さあ行くぞ、バスは用意できている」と言った。僕は兄弟や姉妹に別れを告げた。妹が泣きながら、「お願い、行かないで」と懇願した。僕は「行くんだ、この話は終わりだ」と言ったが、彼女は僕に残るようにと頼み続けた。最後には、僕は荷物を放り投げ、友人たちの元へ行き、一緒には行けないと伝えた。

彼らは出国した。嵐があり、船の上でひとりが頭を打ち、五日間も意識不明だった。それはとても過酷な旅だったが、彼らは無事ヨーロッパへとたどり着いた。僕は「やっぱり行くべきだったんだ」と後悔した。

三度目に僕がヨーロッパへ行こうと考えていたとき、ある友人がリビアを通って行こうと提案した。そのほうが早くて安かったからだ。僕は家族に旅に出たいと伝えた。すでにエジプトでの生活は一四カ月になっていた。家族全員が僕に行くようにと言った。もう誰も、泣いて引き留めることはなかった。

マヘール　教師（ハマ県ラタミナ村）

学生の身分である限り、僕は徴兵をいくらでも延期することができた。しかしその当時、僕は大学院に行く資金もこれ以上払えず、中退するしかなかったんだ。もうこれ以上徴兵を免れる言い訳はできなかった。僕は軍に入る前に一カ月の猶予期間を与えられたので、その間にシリアを出国する計画を立て始めた。僕と友人はネットを検索し、モロッコやアルジェリア、スーダンからヨーロッパに密入国する機会を探していた。僕らは密入国業者の電話番号を手に入れると、その中の数人と連絡を取り合い、スーダンを経由することに決めた。スーダンは、シリア人がパスポートなしで入国できる唯一の国だったんだ。

僕をダマスカス空港まで運んでくれた男が、清掃員を含め、空港にいる全員が情報機関員だと言った。彼は、もし誰かに話しかけられても何も話すなと警告した。

僕は自分のフライトが呼ばれるまで待っていた。出国時に役人がパスポートに挟まっていた紙切れを見つけた。その片面には、「気を付けて」と書かれていた。反対側には「愛してる」と書かれていた。それは妻の挟んだメモだったんだ。僕はそんなものが挟まっているなんて全然知らなかった。

役人は僕に疑いの目を向けた。僕は強張りながら、「僕の妻からだよ。ほら、女性ってこういうことするだろ」と言った。「もしこの紙片に〝愛してる〟と書かれてなかったら、大問題になっただろう」と役人は言ったが、無事に通ることができた。

スーダンに到着した。誓って言うが、この日はこの五年間の内で、初めて安全だと感じられる日だった。もうチェックポイントを気にすることも、家がいきなり強襲されることもない。

密入国業者は、僕らが金を払うまで移動させてくれなかった。三五〇〇ドルが、沿岸にたどり着くまでの費用。残りの五〇〇ドルが、地中海を渡る費用だった。僕らはジープに乗り込むと、スーダンの砂漠を越え、エジプトの砂漠を越え、リビアの砂漠を走っていた。時々タイヤが砂にはまったので、僕らは外に出て車を押した。僕らは誰にも撃たれなかったが、僕らの次の車はエジプト軍に発砲され、ふたりが死んだ。

ボートには一八〇人の乗客が乗っていた。下層階にはアフリカの人々が、上層階にはシリア人が乗っていた。密入国業者は、僕らに星を目指して進むようにと言った。リビア人の業者が去り、若いチュニジア人の男が責任者として残された。それからその若者も去ってしまった。彼は最後にこう言った。「あとは君らで何とかするんだ」。

**サーダック**　獣医助手（スワイダ県）

空気で膨らませるゴムボートは本来一〇人乗りだったけれど、僕を含めて四〇人も乗っていた。トルコの沿岸警備隊がパトロールをしているので、僕らは急いでボートに乗り込まなければならなかった。女性と子どもたちから先に乗れるよう手伝った。いったんボートに乗れば身動きできる余裕は全くないので、乗り込んだ場所にそのまま座り続けるしかなかった。

ボートの中で、僕らはシリア人なのだと再認識した。みんな出身地は違ったが、お互いを大切に思い、お互いを気遣った。僕はスワイダの出身で、僕の隣にはザバダニ出身の三人の子どもたちと、その母親が座っていた。父親はボートの反対側で身動きが取れず、こちらに近づいてくるのは不可能だった。海を渡っている間中、僕は子どもたちを抱え、彼らの安全に気を配った。僕らはシリア人なんだ。みんなでひとつの家族なんだ。

**ナビル**　ミュージシャン(ダマスカス)

アル＝ジャジーラが秘密警察の持つ九万三〇〇〇人の指名手配リストをリークしました。私はそのうちのひとりでした。私はなるべく早く国から逃れなければいけませんでしたが、妻が安全に出国することが優先でした。彼女は非常に優秀な学生で、これまでの人生で常に優秀な成績を収めていました。私は彼女の将来を守りたかったのです。

私たちは国外に留学するための奨学金制度を探し、妻はポルトガルで地理学の博士課程に入ることとなりました。私はその後一四カ月を、レバノンとトルコで音楽家として演奏を続けながら、彼女の後を追うためのビザを申請し待ちました。しかし何も返答が来ず、ついに海を渡り密航する決断をしたのです。

実際に船出をする前の二年間、私は何を準備するか、様々な情報を読みました。何を持って行くべきか、どこに行き、どうやって密航業者と話をするか。どうやってホテルに泊まるかや、ボートに乗り込む際に携帯電話をナイロンバッグに入れておく方法まで、あらゆる情報に目を通しました。実際にボートで海を渡った人々が、彼らの経験を詳細にインターネットに書き込んでいたので、後に続く人々はその経験から学ぶことができたのです。

渡航先となるヨーロッパの国々に関しても、その国の住環境はどうか、法制度はどうなっているか、キャンプにはどのぐらいの期間収容されるのか、居住許可の期間はどれぐらいかなど、どんな情報でも入手できました。早く市民権がほしいというのなら、スウェーデンが最適でしょう。娯楽を求める若い人々にはオランダが、学業や仕事を求める人々にはドイツがうってつけでした。ヨーロッパ南部の国々は、国外からの移民に寛容で、文化もシリアと近いのですが、経済的問題を抱えていて、未だに前の世代の移民に対処をしている最中です。

二年や三年もそういった旅をする人々が続くと、もはや見つけられない情報は何もありませんでした。

**ヌール**　美容師（アレッポ市）

レバノンに移り住んでから二年後、夫の商売が立ち行かなくなりました。私たちは故郷のアレッポに戻りましたが、状況は私たちがアレッポを離れたときより悪くなっていました。私たちは、どこか他に住むところを探さなければいけませんでした。

私たちはトルコへ逃れ、海岸にたどり着くことができました。私はひとつのバッグに必要なものを慎重に詰め込みました。身分証明書、パスポート、水、鎮痛剤、消毒用アルコール、歯磨き、着替え、それと子どもたち用のクッキー。しかし密航業者は、船の上には荷物を置く場所なんかないと言い、私たちは全てを置いていくしかありませんでした。

ボートが到着しました。そのボートに乗り込むのは、まるで深くて暗い穴の中に飛び込むようなものでした。夫は私を見てこう言いました。「引き返すべきだろうか？」。「どこに？」と私は答えました。

ギリシャに着き、私たちは歩き始めました。その三週間にもわたる旅の間、夫は息子を抱え続けていました。私は娘の手を握って歩きました。目指すドイツに到着する前に、ギリシャからマケドニアへ、セルビア、ハンガリー、そしてオーストリアを経由しました。道沿いに暮らす人々は、私たちの費やすお金から利益を得ようと必死でした。日中は燃えるように暑く、夜中は凍てつくように冷え込みました。足からは出血し、私はとにかく眠りにつきたいと思っていました。一歩進むごとに、これは私たちの求めていた一歩なのだと思うのでした。路上で眠りに就くときには、「ああ、ボートの上はなんと快適だったろう」と思うのでした。

ひとつの国からもうひとつの国へと国境を越えるとき、何千人もの人々が、その手続きを終えるために何日も待ち続けます。私たちはそんなとき、「路上で眠っていた頃はなんと快適だったのだろう」と思うのでした。しかし一度始めたこの旅は、後戻りなどできないのです。それはまるで、前に進むたびに後ろが切られていく糸の上を歩いているようなものでした。よくアニメか何かで、キャラクターが走るごとに足元の橋が崩れていく様子がありますよね。あんな感じです。

あるとき、国の機関との面会のために待っている間に、ジャーナリストと出会いました。彼女は私にこう言いました。「最も大切なことは、今こうしてあなたが安全な場所にいるということです」。私はこう答えました。「でも私たちは安全を求めてやってきたわけではありません。死は恐れていないのです」。

その言葉は本当でした。私たちは死を恐れているわけではありません。問題は、私たちの人生には尊厳など無いということなのです。もし私たちの前に何が待ち受けているか知っていたなら、このような旅には出なかったでしょう。でも私たちはすでに故郷を後にし、戻るわけにはいきません。戻る道などないのです。

**ユスラ**　母親（アレッポ市）

私は学校へ通わなかったので、読み書きを習いませんでした。一五歳で結婚し、男の子を産みました。ほどなく夫はがんを患い他界してしまいました。家にはお金がなかったため、息子は一〇歳のときに学校を辞め、働きに出ました。あまりにも生活が困窮してきたとき、息子が私にこう言いました。「お母さん、再婚したらどう？」。でも誰かが私に結婚を申し込むたびに、息子はこう言うのです。「この人は良くないよ。目を見れば僕にはわかるんだ」。

ある日、ひとりの男性が私に会いにやってきました。息子は彼とちょっと話すと、家まで連れて来ました。「お母さんと再婚する人を連れて来たよ。彼はいい人だよ。目の奥をのぞき込むと、優しさがあるんだ」。私たちが再婚すると、息子はひとつだけ頼みがあると言いました。弟か妹が欲しいというのです。「家族が欲しいんだ。ひとりっきりにはなりたくないからね」。

私は新たに娘と息子を授かりました。一連の出来事が始まったのは、その娘が四歳、息子が二歳のときです。人々が街中でデモを行うようになり、銃撃戦が始まったのです。私たちは、それはほんの束の間のことだと思っていました。しかし今度は空爆が始まったのです。二歳の息子は、その爆撃の音を聞き完全に硬直してしまいました。息子は両目を大きく見開き、まるで木のように固まってしまったのです。彼は言葉を覚えるまで時間がかかりました。四歳になるまで、「ばぁ」と「まぁ」しか発しなかったのです。

子どもたちのことを考えると不安だったので、私たちはヨルダンへと逃れました。途中まで車で行き、その後真夜中に歩いて行きました。私たちは自由シリア軍にお金を払い、護衛についてもらいました。政権軍は、何か物音が聞こえるたびに発砲しました。私たちは死ぬんだと思いました。

私たちは約二年間、ヨルダンで暮らしました。生活は厳しいものでした。仕事もなく、貯金を使い果たしてしまいました。夫はまだダマスカスに残っていました。私は彼に、何か別の解決策が必要だと言いました。夫は一九七〇年代にドイツで働いていたことがあったので、「ドイツへ行くというのはどうだろう。ドイツはいい国だ。女性や子どもの権利も守ってくれる」と言いました。夫は心臓病を患い、血圧も高かったので、私たちと一緒にドイツへ渡ることはできませんでした。私は夫に、自分でなんとか渡航してみると言いました。

私はふたりの子どもとひとりの甥を連れて、トルコに入りました。密航業者は私たちを、あちらかこちらへと連れ回しました。夜中に丘を越え、ボートを目指しましたが、警察に捕まってしまいました。木陰のない庭に連行され、強い日差しの下で待たされ続けました。水を持っていなかったため、子どもたちは熱が出て、ほとんど気を失いかけていました。

その後私は子どもを連れてイズミルへと行きました。そこからボートに乗ろうと試みたのです。沿岸を目指していくと警察の姿があり、引き返しました。その後ついにボートに乗り込むことができ、二時間後にはギリシャに到着しました。私は、「ついにやり遂げた。これでもう困難な日々は終わり。あと少しでドイツだ」と思いましたが、本当の旅はまだまだ始まったばかりだったのです。

私たちは二〇〇人ほどの集団で旅を続けました。そして歩き始めたのです。テッサロニキまでボートで移動し、そこからバスでマケドニアを目指しました。盗賊やマフィアが路上で眠っている人々を襲うので、私たちは二九日間、歩き続けました。何度も迷子になりました。私たちは日中睡眠をとることにしました。若者たちは、起きて警備を続けてくれました。彼らは私たちを守ってくれましたが、こうも言いました。「何が起こるかわからないから、あなたも強くならなければならない。武器も持つべきだ」と。私はナイフと大きな警棒を買いました。

夜中にモンテネグロに到着すると、警官の姿が見えたので、グループの人々はルートを変更し、川を越えようとしました。ほとんどが川を泳ぎ切ることのできる若者でした。私は暗闇の中で子どもを見失ってしまうんじゃないかと心配になりました。子どもたちの命を危険に晒すことはできないので、私はグループとは別の道を行くことにしました。

私は子どもたちを連れ、歩き続けました。すると警官がライトをこちらに向け、「警察だ！　警察だ！」と叫びました。私はナイフを自分の首にあてると、「もし誰かが近づいてきたら、自分の首を掻っ切って死んでやる！」と言いました。女性の警官が英語で話し、私の言っていることを同僚に伝えました。

彼らは、「私たちはこのあたりの地域のマフィアからあなたがたを守りたいだけなんだ」と言いました。それは本当のことでした。警官たちは私たちを丁重に扱ってくれました。水とビスケットも貰いました。彼らは私が憔悴しきっていることに気づくと、近くにあった洞窟で休ませてくれました。警官たちは、その間誰も近づかないように警備してくれました。けれどその二時間後には、彼らは私にまた歩き始めなければならないと言いました。

ブダペストに着く頃には、子どもたちはひどい状態になっていました。彼らはもう何も感じなかったのです。衣服は濡れていて、下痢が続いていました。私たちはついにホテルに泊まることにしました。私は子どもたちを入浴させ、何が食べたいか聞きました。彼らはチキンが食べたいと言ったので、買いに行きました。そのチキンを食べようとした矢先、誰かがドアをノックしました。警官がドアの前に立っていました。ホテルのオーナーが通報したのです。

警察署に連れて行かれると、私たちは部署から部署へとたらいまわしにされました。彼らは私を侮辱し、私と子どもたちを別々の部屋に押し入れました。私が嗚咽していると、子どもたちの泣き声も聞こえてきました。

翌朝解放されると、私たちはホテルに戻りました。助かったことに、ちょうどその夜旅を再開するというシリア人たちがホテルにいました。私たちは彼らと一緒にホテルを発ち、ついにドイツにたどり着いたのです。

私は今、一年半ドイツで暮らしています。数カ月前には、夫も無事こちらに合流することができました。私は物事を後悔したりしません。信じてほしいのですが、もしもう一度同じことを繰り返す必要があったとしても、私はやるでしょう。今はまだ難民シェルターで生活をしていますが、事情が許せば仕事を得て、いい生活を送ることができます。ドイツの生活で、最も素晴らしいもののひとつが学校です。教師たちは、子どもたちが理解するまで丁寧に教えてくれます。私はいつか娘が、エンジニアや医者になることを望んでいます。私も学校に通い、読み書きを習っています。時々私が間違うと、娘は笑います。でも少しずつ上達しています。自転車の乗り方も習いました。初めの頃は転んでばかりでしたが、今では上手に乗りこなせます。

**オサマ**　高校生（ホムス県アル＝クサイル）

ヨルダンでの生活は全てが悩ましかった。僕の家族、ヨルダン政府、シリア人を無下に扱うヨルダン人たち。僕の父は刑務所に入れられてしまい行方不明だ。今もって父に関する情報は全くない。個人的には、誰かが父が死んだと教えてくれないかと思ったりもする。そうすれば少なくとも、父が拷問されているなんてことを考えなくて済むからね。

二年間のヨルダン生活の中で、僕は様々な職を転々とした。シリア人は搾取されていた。シリア人は生きていくために仕事が必要だって、みんな知っていたからね。もしひとつ仕事を辞めたら、次に職を得られる保証なんてない。それと同時に、雇用主はいつだって僕らのことを警察に通報できる。だってヨルダン国内では、シリア人の就労は認められていないんだから。彼らは僕らをシリアに送り返すことができるんだ。

もし僕がお金を稼いでいたら、少なくとも僕は家族を助けていると言えただろう。だけど問題は、僕がそんなに稼げていないということだ。アル＝クサイルを離れる前、僕は中学校を卒業していなかったから、ヨルダンで中学三年生に編入した。僕は一年かけて勉強し、試験も受けたけれど、彼らは僕に卒業証明書をくれなかった。

おじがデンマークに住んでいたので、僕は母さんに、デンマークに行き、新しい人生を始めたいと言った。僕は弟と連れ立ってデンマークに向かうことにした。トルコへ行き、密航業者と会い、僕らはボートでイタリアへ渡ることに同意した。二度、三度と密航を試みたけれど、そのたびに警察に捕まった。

そしてまたチャンスが来た。密航業者らは僕らを、とても小さな船に投げ込んだ。総勢三一三人が、折り重なるようにして乗っていた。船は魚臭かったし、みんなあちこちで吐いていた。誰もトイレに行けなかったし、みんな一日グラス一杯の水をめぐって争っていた。五日後、僕らは金属製の船から木製の船へと乗り換えた。それは旅行者が沖でちょっとした水泳を楽しむときに使う船だった。僕らが乗り込んだとたんに船は沈みだした。助かったことに、誰も死ななかった。

僕らは船員もなしに海へと漕ぎだした。密航業者はそんなことは何も言ってなかったけれど、彼らはそのままエジプトへと引き返し、他の密航者を拾いに行った。海がとても荒れているとき、僕らはエジプトの海域にいた。船はもうちょっとでひっくり返るところだった。その後、船底から浸水してきた。海水は船のモーターや、配給のパンにかかってしまった。僕らはパンを屋根の上に載せて乾かしたが、それは実に様々な色に変化した。でも他に食べるものなんて何もなかった。

僕らはリビアの海域までやってきた。もちろん、当時はどこにいるかさえわからなかったけれど。僕は船長を手伝って、船底からバケツで水をかき出していたから、みんなより余計に一杯多く水をもらえた。船長は僕を気に入ってくれて、色んなことを話してくれた。ある地点までやってきたとき、船長が、この船はあと六時間程度しか持たずに沈んでしまうだろうと言った。ちょうどそのとき、船体の割れる音が聴こえた。みんな叫び始めた。ひとりの男性が祈り始め、他はお互い叫び合っていた。人々はライフジャケットをめぐって争い始めた。ある人々は、すでにライフジャケットを着ているにもかかわらず、もう一着を隠したりした。まるでシリア国内の反乱勢力のようだった。互いに盗み合うんだ。僕と弟はライフジャケットを着てなかった。もしボートが沈んだら、人々はライフジャケットを着ている人々を罵り、殴ってでもそれを奪おうとするだろう。だから僕らは、そんな喧騒からは離れていたほうがいいと考えたんだ。どのみち船が沈んだら、ライフジャケットを着ていようが着ていまいが助からないしね。

夜がやってきた。僕と弟はそんなに親しくなかったんだけれど、この旅に出てから、これまでじゃ考えられないぐらい、距離が縮まった。僕らは一緒に座り、抱きしめ合った。家族の写真を見ながら、互いに別れを告げたんだ。

そのとき、波の間にライトが見えた。一隻の船が、「イタリア沿岸警備隊だ！」と叫びながら近づいて来たんだ。みんな大声で返事をした。後になってわかったことだけれど、ある人がアル＝ジャジーラに連絡をとったおかげで、僕らのボートが漂流しているとニュースで流れたらしい。僕らはイタリアの船に乗り移った。彼らは水を配ってくれた。僕らはかなりの量の水を飲んだが、のどの渇きは全然癒えなかった。僕は母さんに、この旅は一〇日ほどかかるだろうと伝えていたけれど、その時点ですでに一四日間が経過していた。イタリア本土に上陸して、家族に電話したら、みんな僕らは死んでしまったものだと思っていたらしい。

イタリアで僕らは難民キャンプに収容されたけど、何とかそこから逃げ出すことができた。デンマークまでひとり五〇〇ユーロで運んでくれるというシリア人の男を見つけ、頼むことにした。でもドイツまで来たとき、その車は警察に捕まってしまった。運転手は一〇年の禁固刑となり、僕らは二日間、牢屋に入れられた。

そしてついにデンマークまでやってきた。僕は全寮制の学校で一年間学び、それは人生で最高の年となった。初めのうちは大変だった。デンマーク語を喋れないからね。でも僕は、何が何でもデンマーク語を習得したかったから、デンマークの音楽を聴くことにしたんだ。デンマーク人はあまり向こうから話しかけてきたりはしないから、自分で進んで話しかける必要があった。そして僕はそれを実践した。僕はデンマーク人の恋人ができ、彼女は僕にデンマーク語を教えてくれた。今では僕が彼女にアラビア語を教えているけどね。僕は彼女の家族を訪ねて、誕生日を祝ったりとか、そういったイベントにも参加させてもらってる。

僕はピアノを数年間弾いてきたけれど、アラブの音楽ばかりだった。でもここで僕は、西洋音楽と中東音楽のフュージョンを演奏し始めたんだ。僕がピアノを弾き、彼女が歌う。そして当時から五年も経ってやっと、僕は中学校を卒業することができた。この五年というもの、僕はいつも何かを恐れていたり、怒っていたり、悲しんでいたりした。でも僕は、普通の日常を送る機会を得ることができたんだ。今僕は幸せだよ。僕はついに、希望を摑むことができたんだ。

**アブドゥルラハマーン**　エンジニア（ハマ市）

私はハマを離れアルジェリアへと戻りました。そこで私は恋人と婚約しました。私たちはとても幸せでしたが、私の脳裏にはいつも、ハマの街を走り、「シリアに自由を！」と叫ぶ自分自身の姿がありました。私は毎日一〇時間を、インターネットでシリアに関するニュースを追うことに費やし、六時間を勉強、四時間を学校の授業に使いました。重度のストレスが日増しに溜まっていきました。そのストレスによって、私は脱毛症にかかってしまいました。だんだん髪が薄くなり、その後、眉毛やまつ毛にも影響が出てきました。私の顔は見苦しいものへと変わっていきました。

学長は私がかつて祖国で活動家だったことを知っており、そのため私に門戸を閉ざすようになりました。彼はアルジェリア政府を支持しており、アルジェリア政府はアサド政権を支持しているのです。私は学校で好成績を収めていたので、自動的に博士課程へと進学できるはずでした。ところが突然、進学のためには、他の学生と同様に試験を受けなければならないと言い渡されたのです。私は試験を受け、上から二番目の成績を収めたのですが、教授はこう言いました。「あなたが博士課程に進学することはない。黙って進学を辞退して次の成績を取った学生にその機会を譲りなさい」。

私はショックを受けました。それは唯一の収入源を失うことでもあり、アルジェリアでの合法な滞在資格を失うことも意味していました。ちょうどその頃、アルジェリア政府が、かつてシリアで反政府活動を行っていた活動家たちを国外追放し、ダマスカスに送り返してしまったというニュースを読みました。私はフィアンセとその家族と相談し、唯一の道は結婚し、合法な滞在資格を得ることだという結論に達しました。みなその意見に賛成でした、フィアンセを除いては。何かがおかしくなっていました。私は彼女が変わってしまったと感じていました。彼女は私が変わってしまったと言います。

そしてきっと、変わったのは私なのでしょう。

私たちは結婚しましたが、新婚生活は坂を転げ落ちるように破綻していきました。友人が、妻が他の男性と連れ立っているところを目撃しました。私は妻と正面からそのことについて話しましたが、妻は私以外の男性に恋をしているのだと言いました。私たちは離婚し、それは私が正当な滞在資格を失うということでもありました。私はサハラ砂漠の辺鄙な地域に移り住み仕事をしました。そこにはあまり警察がいないからです。そこで私は、弟がシリアで空爆により亡くなったと電話で知らされました。その一報を受けた後、もう自分を保つことができませんでした。

ヨーロッパへ逃げよう、と思い立ちました。シリア人の友人が一緒に来ることになりました。密入国業者を頼り、アルジェリアからリビアへと入りました。業者はまるで武装したギャングでした。彼らは私たちの持っていたものを全て奪い取り、家畜小屋に一晩閉じ込めました。翌日、他の業者の手に引き渡されました。その業者は、「とてもいいボートだ、五〇人以下しか乗船しない」と、こういう業者連中がよく口にする、うまい条件を提示しました。しかしそれは古びた木製の、四〇メートルほどの漁船で、三五〇人が折り重なるようにして乗るしかありませんでした。

出航して一二時間が経つ頃には、モーターが止まり、エンジンまで浸水してきました。私たちは海の真ん中で沈み始めたのです。幸運なことに、イタリア沿岸警備隊が私たちを見つけてくれました。彼らは私たちを大きな軍用船に乗せました。船内はすでに他の難民たちでいっぱいでした。

シチリア島に着くと、彼らは難民たちに、エンジニアや、教師、医師といった専門職の資格を持っているかどうか聞きました。もしそうだと答えると、そこで指紋を採取され、イタリアに留まらないといけません。もしそういった資格を持っていないと答えたら、さらにヨーロッパを北上するようにと促されるのです。私はノルウェーへ移住しようと思っていました。なので、専門職ではない一介の労働者であると答えました。

それからミラノへ行き、オーストリアからミュンヘン、そしてハンブルクへと北上しました。列車から列車へと乗り継ぐ旅でした。警察がパスポートを確かめるために巡回してくると、私はトイレに隠れました。ドイツ－デンマーク間の国境を越えるまでは、その方法でうまくいきました。ところがそこで、関税警察が突然現れ、見つかってしまったのです。その長身の男は「身分証を見せてください」と言いました。

私は彼に、期限切れのシリアのパスポートを見せました。彼は険しい表情でパスポートのページをめくり、ビザや許可証などを探していました。彼は私を正面から見据えると、「どうやってここまで来たんですか?」と尋ねました。私はできるかぎりの笑顔で、「海からです。小さな漁船に乗って」と答えました。彼はこの問答を他の人々に気づかれないよう、小声で「どこまで行くのですか?」と聞きました。「ノルウェーです」と私が言うと、彼はパスポートを私へ返し、「幸運を」と言い去っていきました。

おばがデンマークにいたので立ち寄りました。彼女は私にデンマークに留まるようにと説得しました。難民として保護を認められるのに五一日間かかりました。それから私は本格的に移住するための計画に取り組みました。それには三年必要でした。私はとてもまじめに語学学校に通い、同時にインターネットのクラスで、プログラミングについて学びました。二カ月後、私はある工業系の会社でインターンとして採用されました。他のインターン生たちは、すでに三、四年も勉強してきた人々でした。私はこれまでの失われた年月を取り返すために、全身全霊で仕事に励みました。きっとそれは、ストレスや罪悪感を捨て去るために必要なことだったのでしょう。

現在私は、デンマーク国内最大手のＩＴ会社に勤務しています。私の給与は六六％のデンマーク人よりも良い水準です。会社は私がシリア難民であり、アラブ人であり、ムスリムの名前であることとは関係なく信頼してくれています。きっと私はデンマークの住民登録簿で最も長い名前の持ち主でしょう。

私たちはデンマークで、シリア革命のグループを立ち上げました。それより古くからあったシリア人のコミュニティは、そういったデモを行うことを極度に恐れていました。たとえデンマークに住んでいても、「アサドの支援者が殺しにくる」と言うのです。それでも私たちはデモを行いました。初めてのデモは、ロシア大使館前でのものでした。私たちは一〇人で、大使館員は私たちを犬のように扱いました。でもこれは法的に許可をとった正当な活動なので、そのまま抗議を続けました。最近のデモには、少なくとも二〇〇人もの人々が参加しました。そういった大規模なデモは、コペンハーゲンでは初めてのものでした。私の声は決して美しいものではありませんが、先陣を切ってスローガンの声を上げました。そのデモはとても素晴らしいもので、私は泣いてしまいました。それはハマのアル＝アシ広場でのデモで感じたものと、全く同じ感情だったのです。

私たちは、自由を得たシリア人たちが、活発で社交性があり、社会的にも成功し、よく組織されていることを人々に示したかったのです。私たちは革命から生まれ、いまだにその革命を支持しています。しかし罪悪感はあります。私だけではありません。誰もが罪を感じているのです。私たちはそのことについてよく話し合います。平和な日々を送る人々を、私たちは自分たちの理想のために巻き込んでいるのです。それは真摯な理想であり、全ての人々の夢であるはずです。しかし私たちの意志──正直で、無垢な意志──は、国際的な衝突を乗り越えることはできませんでした。

時々、もしあの革命の最中に戻ったら、なんてことを考えてしまうことがあります。しかし私は、そのたびに思い出すのです。それは私たちの国にどんな変化ももたらさないということを。私が国を離れてから、いとこが捕まり、拷問の果てに殺されました。ハマには現在ほとんど男性がいません。女性たちと、老人たちだけが取り残されているのです。私の姉はハマのことを〝未亡人の街〟と呼びます。

**カリーム**　医師（ホムス市）

ヨルダン人医師は競合を恐れているので、シリア人医師が正式なライセンスを得るのは不可能なことでした。その代わりに、私たちシリア人医師が実際には仕事をして、ヨルダン人医師が自分の名前でその仕事を行ったことにしていました。しかし状況は不安定でした。保健省はそういった行為が行われているという噂を耳にすると、調査を始めました。私は何か他の手段を考えなければなりませんでした。

周囲に色々な聞き込みをし、アメリカへのビザ申請がわずか一五〇ドルで可能だと知りました。私は申請をしてみることにしました。私はインタビューを受け、その結果、ビザを得ることができました。しかしその後、妻と子どものビザを申請すると、即座に断られてしまいました。

私は計画を立て始めました。まずはドイツで乗り継ぎアメリカに行く航空券を予約します。そして途中のドイツで降り、そのままドイツに留まろうと考えたのです。ところが、航空会社は独自の安全基準を設けており、ヨーロッパを経由する旅程は許可されませんでした。その代わりに、私はニューヨークへ直接飛びました。私はそこでシリア人の友人と一〇日間過ごし、その間に移民関連に造詣の深い弁護士と相談しました。アメリカでは、基本的に政府は外国人に労働許可を与えると、そのまま放置します。私が再び医療に携わるには、長期間にわたり勉強をし直さなければなりませんでした。家族を養うためにお金を稼ぐことはできませんでした。

そのため私は他の選択肢、ヨーロッパへの移住を決意しました。私は、アメリカからフランクフルトで二時間の乗り継ぎを経てトルコに向かう航空券を買いました。フランクフルトの空港に着くと、私は喫茶店で、トルコ行きの飛行機の様子をうかがっていました。空港職員は、搭乗ゲートに現れない乗客の名前を、何度も何度もコールしていました。そしてついに、飛行機がゲートから離れていく様子を目撃しました。飛行機が滑走路に入ると、私は近くにいた職員に話しかけ、私がシリア人で、保護を必要としていることを伝えました。

その一カ月後、私は保護を認められました。五カ月以内に家族も私と合流しました。数カ月の間、ドイツ語のクラスを受講し、幸いなことに今ではドイツ語も話せるようになりました。同時に私は、現地の病院での客員オブザーバーを務めました。私はそこで少しずつ責任のある仕事を任されるようになっていきました。それから約二年が経ち、私はその病院での勤務契約を結ぶことができました。

今では再び正式な医師免許を持っています。

　私は幸運でした。しかし私の精神は混乱していました。ここでの平穏な生活と、故郷の人々の惨状との矛盾をうまく受け入れられなかったのです。私はいつも良心の呵責に苛まれました。私は医師です。私は故郷に残り、人々を救えたはずでした。

　私は全ての人々を尊重しており、テロリズムには反対です。しかし、なぜ世界はこうもシリアで死にゆく人々に関して無関心でいられるのでしょう？　ロシアの戦闘機は人々の頭上に白燐弾を投下します。世界があまりにも、シリアの人々の死に慣れてしまった結果です。それはまるで、私たちの体を流れる血が、他の人々より劣っているとでもいうかのようです。私たちは〝シリアの友人たち〟と呼ばれる国々の臆病さしか目にしてきませんでした。しかし実際には、シリアに友人などいないのです。シリアは大国たちが決算をするためのチェス盤に過ぎないのですから。

　私の家族はばらばらに離散してしまいました。私の両親と兄弟のひとりはカタールにいます。他の兄弟はエジプトにいます。兄弟のひとりはシリアで歯科医をしていました。彼は軍に徴兵されるところで、国から逃れるために必死でした。ドイツ大使館が彼のビザ申請を却下したため、彼は海を渡るしかありませんでした。

　ホムスにいた頃、私の息子は生まれてから一年、夜間外出禁止令と爆撃のため、家を出られずに暮らしていました。彼は両親と祖父母以外の人間と会う機会がありませんでした。彼は二歳になったとき、初めて自分以外の子どもと出会ったのです。彼はその子どもに近づいていくと、その子の目を触りました。その子が人形ではないかと思ったのです。

**ガイス**　元大学生、経済学専攻（アレッポ市）

ほとんどのシリア人は、最低でも二回は人生をやり直す。誰かがエジプトに逃れたとする。新しい生活の基盤を築いたと思ったとたんに、ドカーン！　政治状況は変わり、彼はどこか他の国に逃れなければならなくなる。それから彼がトルコに行ったとしよう。ところがそこでも何かの事情で生活が立ち行かなくなり、今度はギリシャへ渡る。そしてまた日常が壊れる。そんなことばかりだ。

ドイツが国境を開き、多くの人々が向かって行った。僕はその波と一緒にドイツへと入ったんだ。役所の手続きは信じられない量だった。毎日ラゲゾ*へ行き、朝の七時から夕方の四時まで待つんだ。彼らは整理券なんか配らないから、人々は列で自分の場所をキープするために、夜通し外で寝るしかなかった。建物に入るだけでも四〇日かかった。そこでやっと整理券をもらうんだけど、その番号がスクリーンに表示されるまでにさらに三〇日待たなければならなかった。そういった手順は全く整理されてなかった。もし君が八〇番の札を持っていて、僕が九〇番だとする。でもなぜか一〇〇番の人が先に呼ばれたりするんだ。自分の番号が呼ばれるかもしれないから、毎日通わなければいけなかった。いつまで経っても僕の番号が呼ばれないので聞いてみると、彼らが僕の書類を紛失していたことがわかった。

手続きにこんなに時間がかかる原因がもうひとつある。シリア人以外の多くの難民が、自分はシリア人だと申告するんだ。シリア人の方が優先的に手続きを進めてもらえると思っているらしい。ドイツへやってくるまでの旅の間、通訳を手伝ったことがある。その手続きの中で、あるイラク人がギリシャの警察とこんな会話をしていた。

「どこから来ましたか?」

「シリアです」

「シリアのどの街ですか?」

「モスルです」

そこで警察は言う。「モスルはイラクの街ですよ」

今ではその難民が本当にシリアから来たのかどうか、尋問をするようになった。役人は、その人がどの通りに住んでいて、どこに買い物に行ったかとか、GPSを持ちだしてきて、「アレッポではAからBに歩いて行くと、どのぐらいの時間がかかりましたか?」とか聞くんだ。

＊ベルリンに到着した難民が、登録手続きを義務づけられている州立福祉保健事務所。

**イマッド**　元大学生(ハマ県サラミーヤ)

「国を脱出するんだ、逃げろ、逃げろ!」と誰もが言った。だから僕は国を出たんだ。みんなと同じようにね。その逃避行の途中まで、いったい自分がどこを目指しているのかもわからなかった。ただ、脱出する人の群れと一緒に動き続けていた。

旅は一カ月半かかった。僕はハンガリーで牢屋に入れられてしまったけれど、それはシリアの監獄と比べたら五つ星ホテルのように快適だった。それにそのときは、とにかく歩きどおしの旅をひと休みしたかったのと、温かい寝床が欲しかった。

僕は将来へのどんな夢も計画も持っていない。一時間後のことを考えることだってできないんだ。大学に戻る？　数年間勉強に費やして、革命が始まって、結局学位を取ることができなかったんだぜ？　もういちど同じ数年間を費やすほどの忍耐力はないよ。もっとも、学位を取った人間だって、そんなものここでは何にも役に立たないって気づくだけだ。

メディアは革命をテロリズムと結び付けた。もしシリア人が安全な避難場所を求めていたとしても、革命に関わっていたと言ったら、ヨーロッパの当局はあれこれしつこく詳細を聞いてくるんだ。人が殺されるところを見たか？　テロリストに関与したことは？　それは誰と？　まるで自分が何か罪を犯して責められているような気分になるよ。人々はただそこで暮らす権利を欲しているだけなんだ。みんな祖国に送り返されるのを恐れている。だからね、単純に戦火に追われて逃げてきたっていうほうがよっぽど楽なんだ。革命だとか、体制だとかに言及しないほうがね。

そしてこういった理由で、革命の真実は葬られていくんだ。革命の本当の姿は失われていく。それは人々が意識的に選択したわけではないし、自分たちの行為がそういったことを引き起こしているなんてことも、気づかないうちにね。そしてたったそれだけのことでも、シリアで起きている出来事に対する犯罪なんだ。

**ハーケム**　農業技術者、薬剤師（デリゾール県）

ＩＳＩＳは省庁に相当する組織を設立し、大卒者に対してそこで働くよう呼びかけました。私は断りました。彼らは私を七日間拘束して裁判所に出頭するように言い渡し、解放しました。そこに出頭することがどういうことか、誰もがわかっていました。私はその晩、トルコへと逃げ出しました。

逃げ出すのはとても辛いことでした。私には新婚一年目の妻がいて、彼女は妊娠していたのです。私が国を去った後、ＩＳＩＳは私の家族にメッセージを送りつけてきました。彼らは、トルコで私を見つけ殺害すると予告してきたのです。彼らは実際にトルコまで来て、私に復讐することができるとわかっていました。それと同時に、ＩＳＩＳは、自宅にいる妻にも制裁を与えると言ってきたのです。

私は何とか、妻と妻の母をデリゾールからアレッポ北部に避難させることができました。私が去ってから三カ月後、娘が生まれました。彼女は今七カ月を迎えましたが、私はいまだに会ったことがありません。彼女らは、トルコとシリアの国境を通過することができずに足止めを食らっているのです。トルコはシリア人に居住権を与えることを止めてしまったので、トルコに入るには密入国業者に頼るしかありません。シリア人が自力で国境を越えようとしても、兵士に撃たれてしまうのです。

私はエンジニアの資格を持ち、一二年間、薬剤師として勤めた経験もあります。しかし今はこの難民シェルターで、何をするわけでもなく座り続けているだけなのです。私の日々は、タバコを吸うことと紅茶を飲むことで過ぎていきます。私たちにできるのは待ち続けることだけなのです。夜になると、みんな携帯電話のニュースに耳を傾けています。翌日、目が覚めるとまた待ち続けるのです。毎日毎日、同じような死のニュースを耳にします。違うのは死者の数だけです。

もしここでの生活がこんなものだと知っていたら、私はシリアに留まりＩＳＩＳに身柄を引き渡したことでしょう。ここでゆっくりと日々死んでいくより、たった一度、処刑されて殺されたほうがましだと思えるのです。私たちは惨事を忘れようと努めます。ですが、どうすれば妻や子ども、家族のことを忘れられるというのでしょう。ここに来るまで、私が泣いたのは父が亡くなったときの、一度きりでした。ここでは毎日泣いています。

**ワエル**　大学卒業生（ダマスカス郊外県ダラヤ）

僕は密入国業者に金を払い、トルコからギリシャに行くトラックに忍び込んだ。僕らは総勢四人で、まるで棺桶のように狭い空間に横たわっていた。天井は顔のすぐ上で、腕の長さほどの高さもなかった。片側はカーテンで運転席と仕切られており、もう片側は壁だった。身動きができないほど狭く、体を動かせるのは正面の人間が動いたときだけだった。それにとても暑く、やっと外に出られたときには全身汗でびっしょりだったよ。もし何か話したりしたら、運転手が黙ってろと怒鳴った。国境警備隊が、トラックを止め書類をチェックするときなんかは、僕らは物音ひとつ立てずにじっとしていた。

密入国業者は、その旅は二〇時間ほどかかると言った。でも実際には四〇時間かかった。僕らがトラックから降ろされたときには、いったい自分たちがどこにいるのか見当もつかなかった。携帯を充電して現在地を確認すると、そこはスウェーデンの国境の近くだった。

スウェーデンでの人々の扱われ方は、もしこれがシリアに実現したらなと、かつて僕がいつも夢見ていたものだった。何かをやろうとしたときに、社会がそれを阻むんじゃなく、手助けしてくれるんだ。シリアでは、何をするにも賄賂を渡さなければいけなかった。ここでは、権利の認められていることを行うのに、お金を払う必要なんてないんだ。努力さえしたら、政府のトップにだって就くことができる。資格や能力だけが問題なんだ。ここでは王族でさえ、車にガソリンを入れたり、服を買ったりする様子を見ることができる。シリアで刷り込まれていた思考とは、まるで違うものなんだ。シリアではバッシャールは神のように振る舞っていたからね。

僕の住む街は人口六万人ほどしかいないけれど、大きな図書館があった。それはまるで夢のようだった。読みたい本が何でもあるんだ。もしそこになかったとしても、他の図書館から取り寄せてくれる。初めてその図書館を訪れたときには、ダラヤのことを思わずにはいられなかった。二五万から三〇万もの人口を抱える街なのに、たったひとつの図書館すらなかった。民衆を無知なままにしておくというのは、独裁政権のひとつの戦略なんだ。図書館があるということは、人々が色々なものを読むということで、それは、民衆は自ら考えるということだ。人々は自分たちの権利について知ることになるんだ。

あるとき、僕が妻と通りを歩いていると、年老いた女性が妻の頭のスカーフを見てこう言った。「なんでそんなものを被ってるの？　自分たちの国に帰りなさい！」ってね。本当に嫌な気持ちになったけど、僕らはこう答えた。「わかりました。ありがとう」。その女性は度々その通りで目にしたから、僕らは他の道を通るようになった。僕らは何か問題を起こすためにここにいるわけじゃない。彼女の態度は人種差別主義者のものだ。誰が何を身に着けていようが、それは彼女の関与するところじゃない。そのことに関しては、僕らのほうが法的に正しいんだ。

スウェーデンに来て初めの月に、僕は仮ＩＤを失くしてしまった。でも人々は「そんなの問題ないよ。警察に紛失届を提出してくればいい」と言った。

〝警察〟という言葉を聞くと、足の片一方はなんとか前に出せても、もう一方は後ろに下がってしまう。シリアでＩＤカードを失くしたときのことをはっきりと覚えているんだ。「また同じようなことがここでも起こるのだろうか」と僕は思った。

そして僕は警察署に行った。僕はひどく緊張していた。警察に色々と難癖をつけられると身構えていたんだ。ところが警察署の職員はこう言った。「こんにちは、ようこそ。何を飲まれますか？」。僕は彼に仮ＩＤを失くしてしまったことを伝えた。彼は僕の名前と、どこで失くしたと思うかを聞くと、こう言った。「了解です。ご苦労様でした」。

僕は聞いた。「それだけですか？」。彼はそうだと言った。僕はシリアでＩＤを失くすとどんな目に合うかを彼に伝えた。彼は、「ひどい話ですね。心中お察しします。でもここでは、我々に必要なのはそれだけです。もしあなたがもっとそのことについて話したいようでしたら、どうぞ気兼ねなく、お話をお続けください」と言ったんだ。

シリアにこの国の一割程度の民主主義でもあればと、僕は願わずにはいられなかった。もしそうだったら、きっと革命なんか起きなかっただろうに。

**ラナ**　原子力エンジニア（ダマスカス）

十代の頃、私は典型的なシリア人女性像というものから、ずっと逃げ続けていました。母はクリスチャン一家の、父はムスリム一家の出身でした。両親はとてもオープンでしたが、それでも私に、優しく、柔和に、女性らしく、従順に、なんてことを言い続けていました。ダマスカスに暮らす、自分たちを上流階級だと思っている女性たちは、素敵なヒールを履いて、完璧なメイクアップをして、髪もセットしてからじゃないと決してカフェになんて出て行きません。私の家族ですら、女性はみんな鼻の整形手術をしています。

私はそんなもの全てに反抗していました。一日中メタリカを聴き、七年間、黒い服しか着ませんでした。父とはいつも喧嘩ばかりでした。どこかへ外出したり、深夜遅くに帰ってきたり、唇にピアスをあけたりするたびに父と衝突していました。私はそんな父にうんざりでした。でもそんな私でも、学校の成績は良かったのです。特に物理学は優秀でした。普通、女性は物理学なんて熱心に学ばないものですが、私は両親に反抗したかったのです。

ヨルダンで原子力技術を学ぶプログラムがあると聞いたとき、それこそ私がやりたいものだと思いました。父とは大喧嘩です。彼は私にそんな道を歩んでほしくなかったのです。女性がひとりで生きていくなんて、人々が何て言うと思うんだ？　って。もし私が進学したりしたら、父は永遠に私に満足できないと言いました。「そんなことをしたら私は一生お前を恨むからな」などと、そんなことさえ言われました。

それでも私は行くことにしたのです。両親は、「原子力技師だって？　もう娘が結婚相手を見つけることは無理だろう」と思いました。ついに私のことを諦めたのです。その後、妹も私の後を追ってヨルダンで学ぶようになりました。

それが二〇〇八年頃のことです。その頃は二週間に一度は、ダマスカスの実家に帰っていました。ヨルダンの国境でも、警備員は私を丁重に扱ってくれたものです。彼らにとって、ダマスカスからやってくる人というのは、スイスからやってくる人々のようなイメージがありました。そして二〇一一年の革命が起こりました。とてつもない数の人々が難民としてヨルダンに押しかけました。国境警備隊の人々の態度も変わってしまいました。「出て行け！　そこで他のシリア人たちと一緒に立っていろ！」と怒鳴られました。

それはひどい屈辱でした。シリア人たちは厄介者のように扱われたのです。二〇一三年には大学を卒業しました。そのときには、もうこれ以上アラブ世界で生きていくなんて、恐ろしくて我慢できませんでした。どこでもいいから逃げ出したかったのです。私は大学院課程へ進もうと、一〇〇を超える大学に願書を提出しました。イタリアやアメリカ、カナダ。どこの大学でも断られました。シリア人が原子力関係の職に就く？　そんなことは許されないと言うのです。

その後ドイツの大学が受け入れてくれることになりました。私は大使館へ、ビザ取得のための面接を受けに行きました。泣きながら外に立っていました。とにかくどこかに逃げ出したかったのです。それ以上のことは何も望みませんでした。

私は無事ビザを取得し、二年の修士課程も終えることができました。働き口を見つけるために、二六〇以上もの願書を出しました。その中から、一二の企業の面接にこぎつけることができました。面接官の人々は、みんな私を気に入ってくれました。しかし、私を雇おうと思ったら、あまりにも多くのセキュリティチェックを乗り越えなければいけませんでした。あるとき、八時間かけて電車を乗り継ぎ面接を受けに行きました。彼らは、私を雇用すると言いました。嬉しくて胸が破裂しそうでした。ところがその後、パスポートを見ながら、「君はヨルダン人なんだよね？」と聞いてきたのです。私は絶望に打ちひしがれながら、また八時間かけて家に帰りました。

そしてついに、今の職場と巡り合うことができました。私はまだ新人なので、ほとんどの時間を、原子炉のポンプや発電機を動かしたりするコードを書いたり、計算をしたりといった、技術的な作業に費やします。ドイツでは、私が強く、自立して生活していることをとても尊重してくれます。でもそれと同時に、私がいかにシリア人であるかということにも気づきました。人々と関わったり、人々を自分の人生に招き入れたりする仕方、それは全くもって、シリア人の、アラブ文化のものだったのです。

ここにいる私の親友たちはみなシリア人です。もっとも、シリアにいた頃は、道ですれ違ったこともない人々ですが。ひとりはイブラヒムという、あの小さな宗教的なコミュニティからやってきた素敵な人です。もうひとりはドイツ語で本を書いています。ゲイの男性もいます。彼はあなたも見たことがないくらい、最高のベリーダンサーなのです。みんなおかしな人たちの集まりでした。戦争から生まれた病気のコレクションのようなものです。ある人々は偉大な精神を持ち、新たな可能性を日々拡げている。ある人々は革命のために活動していた人々で、今は完全に打ちひしがれている。そのほとんどが深刻な鬱を抱えているか、薬に頼って生活しています。彼らはあらゆるものに対しての信頼を失ってしまったのです。

私も友人たちも、みな内面は悲しみに満ちていました。けれどそれについて話すことはありません。もし戦争について何か話をしたいのであれば、それに対して何かをしなければいけません。抗議活動に出向いたり、何か行動を起こさなければ。もしそうでなければ、口を閉ざしていることです。それはまるで統合失調症のようでした。でも、物事をうまくやっていくために必要な処世術でもあるのです。みな安定した生活を求めていました。何とかして生きていこうと、みな必死だったのです。

もし大学のために家を離れていなければ、私は学業を終えることもなかったでしょうし、今の場所にいることもなかったと思います。私よりもずっと頑固な父親でさえ、そのことは認めざるを得ませんでした。父は「愛している」なんて口にしたり、それを表現したりするようなタイプの人間ではありませんが、戦争が始まった後、私に電話してこう言いました。「お前が頑固な娘でよかったよ。そのおかげでお前自身も守れたし、妹を守ることにもなった」。

**ヤスミン**　幼児教育専門家（ヤルムーク・パレスチナ難民キャンプ）

私たちは自分の国に別れを告げました。再び私にとって安心して暮らせる母国になるまで、帰ることはありません。

母国とは何でしょうか？　それは岩や木々の集まりではありません。母国とは、その土地を育んできた人々なのです。母国とは、安全だと感じることのできる場所のことです。

母国とは、ともに働いたり、毎朝一緒にコーヒーを飲んだりする友人たちのことです。そしてその友人たちが、ほんのわずかなお金や、よりよい社会的地位のために私を裏切ったのです。戦争が激化するにつれ、人々はお互いを治安部隊に密告するようになったのです。もし誰かがある人に恨みを持っていたり、復讐したいなどと思っていたりしたら、その人はただ、その相手に関する報告書を治安部隊に提出すればいいのです。そして私の場合、職場の同僚が私についての報告書を出したのです。

私は取り調べに出向き、そのときは取調官も、私に怪しいところはないと判断してくれましたが、もしまた取り調べられるようなことがあれば、何が起こってもおかしくありません。

私は自分の母国を裏切ったりしていません。母国が私を裏切ったのです。母国は私にそこを去るよう強制したのです。政治の腐敗に対する革命が、世界規模の紛争へと姿を変えたとき、もはや私にはその場所を母国と見なすことはできませんでした。そこは、人々がゆっくりと死に絶えていく墓地へと変わってしまったのです。私は国の中で、私に与えられた義務を十分にこなしていました。それでも、その対価としての権利を与えられることはありませんでした。今住んでいるここ、スウェーデンでは、私が社会的義務を果たすと同時に、それに応じた権利を手に入れることができます。これこそが母国の意味するところではないでしょうか。

私の三人の子どもたちは、ヨーロッパ人としての国籍を得ることができました。長男はスウェーデンでの会議に招かれ、今では大学の三年生です。真ん中の子どもはスペイン人の友人に誘われスペインへ行き、スペインの市民権を得てそこで勉強しています。娘は奨学金を得て、カタールで大学院へと進みました。カタールからは、彼女は自由に旅行ビザであちこちに行くことができました。その後彼女はオランダへ行くことを選び、そこに落ち着きました。

将来私は、オランダ語やスウェーデン語、それにスペイン語を話す孫を得ることでしょう。もしその子たちがアラビア語を学ばなければ、彼らはお互いに会話することができません。彼らは、私たちがやってきた国の痕跡を全く持っていないのです。彼らはシリア人にはならないでしょう。そして私は亡命者として生き、亡命者として死んでいくのです。

**イマーン**　エンジニア（ダマスカス郊外県ハラスタ）

トルコに到着して一カ月後、私たちはどこか他の国へ移住するために、国連で登録手続きを行いました。そのためのインタビューとセキュリティ検査は、二年も続いたのです。

彼らは私たちの身の上に起こったことなら、何でも聞き出そうとしました。私たちの生活について、完全に正確な詳細を得ようとしていたのです。彼らは私と夫をそれぞれ別の部屋へ連れて行き、インタビューを行いました。それは精神的にたいへんなプレッシャーでした。私たちは、何か忘れていたり、それぞれ違うことを言ったりしてしまうのではないかと思い、不安になりました。特に日付に関しては不安でした。祖国から逃れてきた人々のほとんどが、正確な日付など覚えていませんでした。夫は私たちが避難を始めたのは七月初旬だと言いましたが、私はそれは七月の終わり頃だと記憶しています。それは戦争による攻撃が、毎日起こるようになった頃でしたから。

インタビューが終わると、ただ待ち続ける日々が始まりました。私は日々イライラしていました。果たして私たちに未来が訪れるかどうか、誰にもわからないのですから。私はエンジニアの資格を持っていますが、それを活用できる仕事に再び戻ることはないでしょう。しかしトルコ滞在中に、幸運なことに、難民を支援する組織で、子どもたちにコンピューターの使い方を教えるという職を得ることができました。ほとんどの人は仕事を見つけることができません。

二年もの間、私たちは希望を持って暮らしていました。毎日携帯を見ながら、電話がかかってくるのを待ちました。夫は医師だったので、家の外で小さな病院を開きました。彼もまた、電話を待ち続けていました。そしてある日、電話がかかってきたのです。電話の向こうで男性がこう言いました。「あなたのアメリカ行きが決まり、出発は九月二三日を予定しています」。信じられませんでした。彼が何を言っているのかさえ、理解できませんでした。

アメリカに渡った当初は毎日大変でした。全てのものが今までと全く違うのですから。ケースワーカーが私に話しかけ、私は泣きだしました。彼女が何を言っているのか全くわからなかったのです。それから二週間以内に、私は英語のクラスに登録しました。とにかくがむしゃらに勉強したかったのです。昼も夜もなく勉強し続けました。

今でもシリアに帰ることを夢見ています。私たちは、結婚してたった二カ月だけ新居に暮らし、それを放り出してきてしまったのです。家の中の家具も、カーテンも、壁紙の色も、考えに考えて選んだものでした。その家にいつか帰れないものかと、夢見るのです。しかし夫はシリアに帰りたくないと言います。彼はシリアの牢獄でひどい目に遭いましたから、そう考えるのも仕方ありません。そのような目に遭った人々にとって、その過去を忘れることこそが祝福なのです。

**アフメッド**　活動家（ダラー市）

私たちは、ヨルダンからシリアへと生活物資を届けるＮＰＯとして活動していました。二〇一四年の秋までに、私はとても疲弊してしまっていました。シリア政権はヨルダン国内でも、私に攻撃をしかけてくると脅してきました。私はすでにアメリカへ行くビザを取得していました。なので私は妻と一緒に、本当にアメリカで暮らしていけるかどうか、試してみることにしたのです。

私たちの初めの旅程は、アンマンからイスタンブールへ、そしてそこからワシントンDCへと飛ぶ手筈でした。ところがイスタンブールの空港で止められ、シリアに送り返されてしまったのです。シリア政権はインターポールを通じて、私に関する報告書を提出していたのです。二度目の渡航では、アンマンから直接ニューヨークに飛ぼうと試みましたが、同じ問題で不可能でした。そして三度目、アメリカ大使館が、私たちのビザを免除してくれました。おかげでついに私たちはヴァージニアに到着したのです。そこではすでに、私の家族が生活を始めていました。

私はすぐに難民申請を行いました。それが今から一年半前のことで、今でもその結果を待ち続けています。何の連絡もありません。ただ待ち続けるしかないのです。私の妻は少なくとも、申請が受理されたことを示す受付番号を得ることができました。彼女は労働許可を得て、彼女の得意分野であるグラフィックやウェブデザインの仕事に就くことができました。しかし私には何の返答もありません。私はあらゆる必要な書類を三度も提出しました。それでも返事がないのです。私はそこで立ち往生してしまいました。パスポートも返還されていません。労働許可もありません。ただ、立ち止まっているのです。私の社会的身分は何もないのです。

この間の選挙〔二〇一六年のアメリカ大統領選挙〕以降、私たちは「それで結局どうなるの？」と考えずにはいられません。全てが恐ろしいのです。「もし彼らが私たちを追い出すとしたら、私たちはどこへ行けばいいのだろう？」と人々は考えています。汚い言葉が家々のドアに書きなぐられているという話を聞くようになりました。そこには、「もしあんたがムスリムなら、とっとと出て行け」などと書かれているというのです。私の友人は、ウェストヴァージニアにすでに五年以上も暮らしています。彼の妻は大人になってからずっとスカーフを頭に被っていましたが、今では被るのを止めてしまいました。彼女はとても悲しんでいましたが、こういう状況の中では、スカーフを被っていてはいけないと感じるというのです。

人々はみな、祖国で脅威に晒され、そこを逃げ出してきたのです。彼らは自由や民主主義、努力さえすればなんでも実現できる社会を求めて、アメリカへとやってきたのです。ところが今では、そんなアメリカに対する見方も変わりました。

しかしそれでもまだ、私はこの国が大好きです。今までのところ、私も妻も、大きな問題に直面していません。この平穏な生活が変わらないことを願っています。実際には私は、人々がとても優しいことに感銘を受けています。通りを歩いていると、人々は気軽に話しかけてきて、夫がどうとか、妻がどうとか、他愛のない話をしてくれます。私はそのような時間がとても好きなのです。それはまるでダラーでの日々に戻ったかのようでした。

初めの頃は、いくつかのことがとても複雑に思えたものです。私たちの国では、みな現金を使用していました。ところがアメリカでは、デビットカードやクレジットカード、クレジットヒストリー、クレジットスコアなど、様々なことを学ぶ必要がありました。他にもこんな新しいことがありました。店に買い物に行くとメールアドレスを尋ねられ、その後広告が送られてくるのです。それはもう嫌になるほどで、ホーム・デポから、何千通ものメールが届きます。

こちらに移ってきてすぐの頃、私はレンタカーを借りました。信号が青になったので左に曲がると、警察に止められました。「でも信号は青でしたよ」と私は言いました。彼は、矢印信号を待たなければば曲がってはいけないと言うのです。そんなこと想像もしませんでした。矢印信号なんて、シリアにはなかったのですから。

なので今では常に矢印信号を待っています。私の後ろにいる車は、何度もクラクションを鳴らします。それでも矢印を待ち続けるのです。

**ハディア**　臨床セラピスト（ダマスカス）

私たち一二人のフルブライト奨学生たちは、二〇一〇年、シリアからアメリカへとやってきました。誰もここに留まるつもりはありませんでした。私たちはその体験に満足し、シリアへと帰るところでした。

そして革命が始まったのです。私はダマスカスにいる兄弟やいとこを通じて、その革命の詳細を知るために全力を尽くしました。私は現地の状況を知りたくて仕方ありませんでした。彼らから聞く話を通じて、私もその物語の中で生きているように振る舞うことができたのです。おそらくいつの日か、革命が起こっている間になぜ私がそこにいなかったのか、納得することができる日が来るでしょう。学校へ行くと、「少なくともあなたは安全なところにいる」と人々が言います。「安全なところ」という言葉を聞くと、気が狂いそうになりました。私は叫びたかったのです。「あなたたちは何もわかっていない！　これは歴史的な瞬間なんだ。私はそこにいる必要があるんだ」と。

母と兄が、私の卒業式のためにアメリカへ来るビザを手に入れました。母はほんの一カ月ほど滞在するつもりでした。ところが母がアメリカにいる間に、体制はダマスカス郊外県への空爆を始め、私たちの家からほんの数分の場所も爆撃に晒され始めたのです。私たちは、母が帰国する航空券の日程を延期し続けました。私たちの誰もが、母がこんなに長期間アメリカに滞在することになるとは思ってもみませんでした。母はスーツケースひとつで、誰にも別れを告げずに来てしまったといつも言います。

当時私の兄は、ダマスカス近郊の、体制に包囲されてしまった地域に食料を運ぶチャリティ団体で働いていました。食料を運び込むことは犯罪だったので、彼の友人の多くが逮捕されてしまいました。兄のあるひとりが捕まると、その携帯の情報を奪われ、他の多くの人々が逮捕されてしまったのです。兄のアメリカ行きのビザの期限は残り三日で切れるところだったので、私たちは兄にアメリカへ来るようにと説得しました。彼がアメリカに到着したとき、私たちは彼の表情に、多くのトラウマが刻み込まれていることを見て取りました。彼は全ての時間を、インターネットを通じた情報収集や人々の仲介、医療物資のための資金調達などに費やしていました。

冬が来て、私は母にこう言いました。「コートを買いに行こう」。すると母はこう言いました。「シリアでは人々が死に、何も着るものがないというのに、私が買い物に行くなんてとても考えられない」。私は言いました。「買わないと。ここはシカゴなんだよ。とても寒くなるんだよ」。母は「でもシリアの家にはコートがあるんだよ」と答えました。

それはほんの些細なことなのかもしれません。けれどそれは胸に詰まった石のような感じで、それをひとつひとつ、押し出していく必要があったのです。サンドイッチを買うにも、こう考えずにはいられません。「このサンドイッチはいくらだろう？　もしこのお金をシリアに送れば……」。

私に与えられた役割は、シリア国内にいる人々とは違うでしょう。それでも、何かをしないといけないのです。私はシリアで起きていることを多くの人に伝える責任があります。世界の反対側では、いったいどんなことが起きているのか、話し続けなければいけないのです。

第Ⅷ部

# この戦争の意義

**アブー・マアン**　活動家、自由シリア軍兵士（ダラー市）

自由には代償が付き物だということは知っている。民主主義にも代償は必要だ。けれど私たちはすでに、自由や民主主義よりもはるかに高い代償を払ってしまっている。そう、自由には代償は付き物なんだ。でも、いくらなんでもこれほどではない。

**ガイス**　元大学生、経済学専攻（アレッポ市）

今日では〝難民〟という言葉はひどい意味で使われている。そう呼ばれる人々は、哀れみを受けるか、あらゆる悪い出来事の責任を負わされるかだ。人口過剰？　それは難民のせいだ。家賃が上がる？　それも難民のせい。犯罪？　難民のやつらに決まってる。一度難民というレッテルを貼られたら、死ぬまでそれは残り続けるんだ。そういう理由があるから、僕が働いている組織ではその言葉を使わない。その代わりにこう呼ぶんだ。〝ニューカマー〟ってね。それからしばらくすると、その人々はニューカマーではなくなる。単にその社会の一員となるんだ。

中東からやってきた人間として、僕らは自分たちがどんな人間なのか、ちゃんと人々に知ってもらいたいと思っている。僕は天使でもなければ、悪魔でもない。でも自分に与えられた社会的義務は果たすよ。あなたから何かを奪いにやってきたわけではないんだ。僕はあなたと一緒に働きたいんだ。

それが、僕らが革命から学んだこと。僕らは、それぞれの役割をきちんと果たすことを学んだんだ。僕らは革命のためにとても熱心に働いた。そしてそれは純粋な動機だったんだ。それが後に戦争へと姿を変え、みんなその戦争から利益を盗もうとする動きに巻き込まれていった。評判の良い優れた指導者はみな暗殺された。自由シリア軍は金儲け組織に落ちぶれた。もしカタールが彼らに資金を与えたら、彼らはカタールの望むことを行わなければならなかった。もしトルコが資金提供者なら、トルコのためにね。なんでそんなことになったのかというと、戦争がいつまでも長引いているからだ。

多くの人々が、自国に難民がやってくることを快く思っていない。僕らは違法にやってきたのかもしれない。けれど他の扉は、僕らの目の前で閉じられてしまったんだ。いったい他にどうすればよかったって言うんだい？　自分の国の政府は僕らの生活をぶち壊し、僕らは全てを失ってしまったというのに、まだ十分じゃないとでも？　僕らだって自分の国に留まっていたい。もしあなたが難民を受け入れたくないというのなら、シリアを平和にするために助けてくれよ。

**サミ**　大学卒業生(ダマスカス)

私の家族はアサド政権を支持しています、特に私の母は。母は敬虔なクリスチャンで、毎週日曜日には教会へ行きます。彼女は自分の国を愛し、そこに留まっていたいと思っています。母は体制が抑圧的で、人々の人権を蹂躙していることを知っていたと思います。しかしそれと同時に、もし体制が崩壊したりすれば、私たちもみな破滅してしまうという悪夢も考えていたのです。母は、「この体制がひどいものだということはわかっています。それでも、私たちを守ってくれている。批判したりしちゃいけない」と言っていました。

私もクリスチャンです。でも、母と同じようには考えていません。体制はクリスチャンを守ってくれたりなんかはしない。それはただ自分自身を守っているのです。アサドはアラウィー派ですら守ったりはしません。彼はアラウィー派の人々を搾取し、利用しているのです。彼は少数派の抱える問題を操作しています。権力を手放したくないアサドにとって、少数派の問題というのは、使用できるカードのひとつでしかないのです。

私は殺人を犯す反乱勢力も批判しますし、体制も批判します。私の家の近所で爆発があり、子どもたちが亡くなりました。私はその写真をネットに投稿し、「戦争を止めて」と書き込みました。私は被害者に対して同情を表明したのですが、そこがたまたま革命を支持しない人々の住む地域だったため、革命を支持している友人たちは、私を政権支持者なのだと見なしました。数日後、化学兵器による虐殺が起こりました。私はまた、人々が死にゆく様子を写した写真を投稿しました。友人たちや家族は私の行動を訝しがりました。

私は裏切者ではありません。私はシリアを愛しています。けれど私は人権を信じているので、私自身が、女性や子どもたち、様々な民族的背景を持つ人々を蹂躙する社会の一員であるとは感じられないのです。その抑圧は何もイスラム教だけのものではありません。キリスト教の一部でもあるのです。アラブ人は、科学や代数学を世に送り出してきましたが、今では人々を殺すことで有名になってしまいました。私たちは、私たち自身をより良いものにしていく責任を負っているのです。もし私たちが体制を変えることができたとしても、私たち自身の文化の持つ闇を変えていくことができなければ、同じ政権がまた現れることでしょう。ただそこに関わる人々が変わるだけで。

**カリール**　自由シリア軍司令官、元陸軍将校（デリゾール市）

革命そのものは止まらないでしょう。私がシリアに戻り、バッシャール・アル＝アサドを自分の大統領だと崇めると思いますか？　ありえません。

しかし個人的には、私はすでに絶望してしまっています。反政府勢力のリーダーたちや、そこに資金をつぎ込むパトロン国家たちにです。問題の要所は、サウジアラビアやカタール、アラブ首長国連邦などといった、それぞれの武装勢力を支援している国々にあります。多くの国々がシリア国内の利権を求めて、それらが一体となり、まるで絨毯の糸のように織り込まれているのです。

それらがいったい私たちをどこに連れて行くのか、知る由もありません。知っているのは、みなそれぞれ死地にいるということだけです。そしてひとつだけ理解できることは、それらの国々は、シリアの危機を終わらせるつもりなんてまるで無いということです。そういった国々は、変化を求める自国民たちを震え上がらせるのが目的なのです。もし市民革命など起こそうものなら、シリアのようになると覚えておけよ、というわけです。

私にかかってくる電話のほとんどは、シリア国内で何かしらの援助を必死に求めている人々からのものです。私は彼らに何と言えばいいのでしょう？　多くの場合、私は電話に出ることすらしません。彼らに対して私ができることなど無いのです。正直に言えば、妻と子どもを連れてどこか遠くに移り住み、家族を養うことだけ考えて生きていきたいと思うときがあります。

**マルセル**　活動家、ブロガー（アレッポ市）

私は革命の世代に属し、そのことを誇りに思っています。私たちは、何かを築き上げようと全力を尽くしていました。私たちは多くのことに直面し、それらにひとりひとりが孤独に向き合っていました。私たちは、他者への憎しみは最小限に、革命と向き合っていました。ところが、コントロールを失ってしまったのです。私たちはすでに、もう何が有効なのかもわかりません。今暮らしているトルコでは、私は日に一〇時間働き、そして一日の終わりにこう問いかけます。「私は何かを成し遂げただろうか？　それが何か変化をもたらすことなんてあるのだろうか？」。

私にとって、革命とは特別なケアが必要な子どもみたいなものです。私はそう信じてます。放り投げるなんてことはできません。そう、それは私たちが夢見ていたようなものではありませんし、ある点においては、私たち自身も新たな独裁者のようなものです。それでも私にとっては、革命は大事な息子のようで、私はその子により良いケアをしてあげたいと思うのです。

現在、私たちのほとんどはすでに、幻滅したり、落ち込んだりしています。初めの三年間、私たちを支えていた動機はポジティブな社会変革でした。残りの三年間は、罪の意識で活動を続けていました。亡くなっていく人々の多くは貧困層の人々でした。その悲劇を減らすことはできなくても、少なくともシリアに戻り、一緒に苦しみたかったのです。たとえ難民でなくても、ただ単に今生きているからといって喜ぶことなどできません。単に生き残ることが目的だというのなら、母の死には理由などなかったのでしょうか？　友人たちの死には、意味などなかったというのでしょうか？

シリア人たちは、実際にはこういった罪の意識について話したりしません。彼らはみなシリアについて話すのです。シリア、シリア、シリア。誰も自分たちのことを話したりはしないのです。私は自分自身が誰だったのか、忘れてしまいそうで怖くなります。時々、〝私〟と書くべきところを、〝彼女〟と書いている自分に気付きます。まるで、誰か他人の話をしているように。

今年は、どこかへ行き、自分がひとりの人間として生きられる居場所を探そうと思っています。今のところ、私の友人や仕事は政治的なものだけです。読むのも書くのも、政治に関することだけなのです。あるときデートに出かけたら、相手の男性の初めての質問はこんな風でした。「反政府勢力はジュネーヴの平和会談に応じると思うかい？」。

私は政治のことだけの人生なんてまっぴらです。笑ったり、冗談を言ったり、音楽を楽しめるようになりたいのです。夢や希望、愛を持った人間になりたい。私は世界に対して多くの怒りを抱えており、それを癒す場所が欲しいのです。私が、私自身でいられる場所が欲しい。

**アイハム**　ウェブ開発者（ダマスカス）

僕は今でも僕らのやったことは正しいと思っている。悲しいことにそれは、恐ろしい結末へと至ってしまったけれど。

僕は何も自分たちの行為を讃えようというわけじゃない。でも僕にとって、体制は非難に値するものだったのは確かなんだ。もし国のアイデンティティを守るということが政権の責任だとすれば、政権はそんなことは全く行わなかった。国益を守る責任があるというのなら、それも守られていない。

国民が異議を唱える自由を守ることが政権の責任なら、そんなものはありもしなかった。
最も悲しいことのひとつは、僕らが体制を崇拝するように育てられたとき、それと同時に、一定の誇りもまた与えられていたということだ。僕たちは、自分たちの文化や名前を誇りに思う。例えば誰かが「私はシリア人だ」と言うとき、そこにはシリアに対する尊敬の念も含まれている。僕たちはみんな勤勉に働いた。貧困層の人々も、人生を謳歌していた。誰もがピクニックに出かけ、みんなそれなりの車を買おうと努力した。子どもたちには教育の機会を与えた。それがシリア人の誇りなんだ。僕らは学校でバアス党の曲を歌いながら育った。僕はバアス党の理念なんて信じていないけれど、その理念のいくつかは、原則として素晴らしいものだった。「私たちは農民であり労働者であり、不屈の若者です。私たちは果敢に戦う兵士であり、苦しんでいる人々の声を……」。今でも、友人たちとこの歌を歌っていると、僕はシリア人なんだと感じるんだ。

**タリア**　テレビニュース特派員（アレッポ市）

私たちは四〇年も独裁政権の下で暮らしてきて、疲れ果ててしまったのです。偽善に疲れ果ててしまったのです。コネを持つ人間だけが職を得るという環境に嫌気がさしてしまったのです。私たちは、あの有名な「自由」というものについて知りたかったのです。ところが今、何千ものシリア人たちと一緒に語らうとき、彼らはみなそれぞれ自分の思う自由という概念について語るのです。ある女性はこう尋ねます。「もし私がヘッドスカーフを取ったら、私は自由になれるっていうの？　宗教を変えたら、自由になれるの？」。私に言わせれば、そんなものは自由とは関係ありません。私にとって自由とは、私の尊厳を認めてくれる社会に生きることです。自由とは、私自身を表現できることです。自由とは、他の人々が私を思い出してくれる何かを行う機会のことです。

シリアでは、女性は男性に依存するしかありません。その問題の根幹は、私たちの壊れた政府です。女性を守る法などないのです。女性は自分たちの権利や価値を知りません。それは革命とともに変わりました。人々が情報を得るための障壁は取り除かれ、女性は夫を怖がらなくて済むようになりました。今や女性はイエスもノーも口にできるようになったのです。反抗することだってできるのです。

私がトルコに逃れてから最初の一年間は、ずっと家に引きこもっていました。私の精神状態はどん底でした。私は夫から離れたいと何年も願ってきたのに、決断が遅かったのです。それから私は強くなり、経済的にも安定しました。私は今、法律が私を守ってくれる国で暮らしています。だからこそ、私は家も夫も、何もかも置いてきたのです。私が連れて来たのは子どもたちだけです。私は何もないところから人生をやり直しました。

私は数カ月の間ラジオ局で働き、その後大手テレビネットワークで働く糸口を得ることができました。他に一〇人もの人がその職に応募していました。その誰もがジャーナリズムの学位を持っていました。私は学位を持っていませんでしたが、どうしてもその仕事に就きたかったのです。三カ月もの間、カメラの前で話す練習をしました。鏡の前に立ち、自分自身に向けて話しました。私は色々な話し方で言葉を録音し、どうすればより良い声になるか試行錯誤を続けました。

私は部長と面談しました。彼女は私を雇用することはないと思うと言いながらも、私には、他のジャーナリストには無い才能があると言ってくれました。彼女は、「タリア、あなたがこれほど優れていなければよかったのに」と言いました。それだけのことでしたが、彼女の頭の中には私の印象が残り続けたのです。そして私はその職を得ることができました。

私は、自分は他人に対して、何かしら印象を与える人間なのだと発見しました。私にそのように、印象の強い人間であるようにと学ばせてくれたのは革命でした。革命のおかげで、私はその人自身を、本来の姿のまま見ることができました。全てのシリア人が、その胸の中に無数の物語を持っていることを、革命から学んだのです。全てのシリア人、それぞれが、ひとつの物語なのです。

**アダム**　メディア・オーガナイザー（ラタキア市）

いわゆるシリア内戦と呼ばれるものから学んだ最も重要なことのひとつが、単に誰かが何か悪いものと戦っているからといって、必ずしもその人間が善とは限らないということだ。それと同時に、たとえ誰かが一般的に見て悪いことだと思われることをしていたとしても、必ずしも悪とは限らない。結局は究極的な善や悪など、どこにも存在しないと気づく。それらは全て白でも黒でもなく、灰色の濃淡に過ぎないんだ。

国が何を必要としているかを見出すためのプロセスは、決して綺麗事だけじゃ済まない。もちろんあなたがいるような、きちんと機能する機関が存在する国だったら、道徳的な規範を持つことも簡単だろう。でもこれだけは覚えておいてくれ。そんなことが可能なのは、誰かが汚いことをしてでもそのシステムを社会に組み込んでくれたおかげだってことを。人々はそんな社会の汚い面を知りたくないんだ。彼らの価値観とは相容れないものだからね。

俺が思うにそれこそが、人々がよく口にする「我々はあなたの自由のために戦っているのだ」とか、そんな言葉の意味なんだ。国として将来の世代に、道徳的に安定し、正しく機能する社会を与えるには、誰かがそういった汚いことをする必要がある。そうすれば他の人々は、些細なことでは常に道徳的に妥協しなくて済むようになる。俺たちがシリアでしなければいけなかったような、妥協をね。

それこそが、俺がシリア戦争と呼ばれる一連の出来事から学んだことだよ。俺たちのような、良き人間として生きる自由を持つ特権の無い人々は、愚かな選択をし、悪事に加担するしかないんだ。不愉快だがそれは事実だ。皮肉なことに、俺たちは腐敗や犯罪行為、悪意や、人々を傷つけるような出来事を根絶したいと思い、外に出てデモを開始した。それが結局は、より多くの人々を傷つけることになってしまった。

俺たちはパンドラの箱を開けてしまったんだ。人々は子どものように無垢な好奇心で、箱の中を覗き込んだ。その箱から何かプレゼントが出てくるんじゃないかと期待したが、実際には、この世の中のあらゆる悪が飛び出してきた。俺たちは今、その箱を再び閉じなければならない。けれどそれには時間がかかるだろう。

このプロセス全体を通じて大事なことは、あなたが問題ではないということだ。あなたという一個人がどのような悲願を持っていようとも、どのような善悪の価値観を持っていようとも、完全に関係ないんだ。それを知ったとき、なぜ人々が過激になるのか理解できるだろう。俺は、人々がＩＳＩＳやアルカイダ、アサド政権やクルドの武装勢力なんかに加わる理由に完全に納得している。人々は、この無益な現実を正当化できる物語が必要なんだ。それがポイントだ。だからみな過激になっていく。

この惨状にはきちんと理由があるんだ。そうでなければ、あまりにも悲惨過ぎる。

俺は今、シリア国内で活動するフリーランスのメディアを支援するNGOで働いている。ジャーナリストたちが、きちんと思ったことを口に出せるよう手助けしたいと思っているんだ。この仕事を通じて、人々の描く夢の実現を手助けしたい。俺はもう、何かを夢見るには年を取りすぎている。あと一カ月半もすれば、二九歳になってしまうからね。

**フサイン** 脚本家（アレッポ市）

私はもう二度と政治について語らないように努めています。物事はもはや簡単ではないのです。何が正しく、何が間違っているのかを知ることは困難です。

親しい友人がヨーロッパに逃れようとしても、私はいつも止めたりしません。でもそのたびに、非常に悲しくなるのです。誰かが自分の所有物を全て売り払い、家族の危険も顧みず、海を渡りヨーロッパを目指すとき、その人がまたシリアに帰ってくるなんてことは、ほとんど無いでしょう。自由なシリアを夢見た人々が、みな国を去り、殺されてしまったならば、いったい誰がシリアを立て直すというのでしょう。

私はシリアにはまだ、国を再建しようという意志を持った人間が残っているという希望を持っています。そういった人々の半数以上が体制の統治下で暮らしていますが、体制を支持しているわけではありません。しかし闘争は、すでに私たちのものではありません。政治資金や武器が国に流れ込んできました。シリアは他の国々が優劣を決めるための闘技場になってしまったのです。バッシャールはロシアの操り人形に過ぎませんし、私たちは反対側の手で操られる人形なのです。私たちは、そのような悪意を持った集団がシリアにやってくるなどとは思ってもみませんでした。彼らこそが、今現在この戦争をコントロールしているのです。

ときどきこのように自問自答せざるを得ません。私たちは、シリアに混乱を引き起こす手助けをしてしまったのではないか？　もしかしたら、私たちはもっとよく組織立って、起こる事態にうまく準備を進められたかもしれません。もしかしたら、もっと慎重に機会を窺うことができたかもしれません。悲しいですが、後悔はありません。私は、変革を求める人々の一員でいられたことに誇りを持っています。私たちは、この独裁政治の基盤を壊すことはできたと思っています。

幾人かの知識人や老練な政治家たちは、傍観を決め込んで、どちらかのサイドに付く前に、いったい何が起こるのかと事態の推移を見守っていました。今ではそのうちの何人かは、立ち位置がぐらついています。私たちはそのような人々に対してこう言います。「私たちが革命に加わったとき、民衆には力がありました。もしあなたがたが私たちとともに立ち上がってくれていたならば、私たちは今こんなに弱体化していないでしょう」。体制と戦うある人々は、イスラム国家の樹立を望んでいます。それは個人の自由を奪ってしまうものであると私は知っています。ですが、それについては後で議論できるでしょう。まずはなんとしても体制を崩壊させなければならないのです。

私たちの夢は段階的に変わりました。革命前に描いていた夢は、革命中の夢とは違い、今はまた違った夢を持っています。私たちは、夢を持ち続けるためには、その夢をなるべく小さなものにする必要があるという現実を受け入れています。

# 謝　辞

多くの本には、感謝すべき人々の長いリストが含まれていますが、本書のようなタイプの本の場合、さらにそれを必要とするでしょう。表紙から背表紙に至るまでのページに含まれる言葉の数々は、それぞれの物語をシェアしてくれた寛大な人々と、そういった方々との出会いをご紹介くださった親切な人々の賜物です。表現できないほどの感謝を感じるとともに、それらは非常に幸運なことでした。この本を書くことで、私は無数の素晴らしい人々と出会うことができ、その多くは一生の友人となっています。

最も感謝するべきことは、何百人ものシリア人たちが、無私無欲で私を彼らの生活に迎え入れてくれ、自身の考えや感じ方、経験を話してくれたことです。彼らは私に、尊厳や献身、困難から立ち上がることの意味を教えてくれました。名前を記すにはあまりにも多すぎるので、それぞれの名前は胸の内に留めておきます。その出会いによって、私は永遠に変わりました。彼らと出会えたという特別な出来事が、私をこれからも謙虚にさせてくれるでしょう。

これらの人々とともに、その出会いを取り持ってくれた人々にも特に感謝を述べさせてください。シャフィック・アブデル＝アジズ、ガイダー・アル＝ハジ、アフメッド・アル＝マスリ、サルマ・アル＝シャーミ、マハ・アターシー、アブダルサマッド・アウィーダ、フィラス・ディバ、ワエル・エラマム、ハムザ・ガドバン、シェーリーン・ハムドシェ、スハ・マーイェフ、故タイシール・マサルマ、ノーマン・サルハン、ラナ・スウェイス、ハディア・ザルゾール、アウィーダ一家、ガドバン一家、アル＝ハジ一家、サルハン一家、ダルワザー一家、アロビッド一家、そしてラジオ・シバブのチーム。彼らの理想への献身には感銘を受けました。彼らが示してくれた信頼は、私にとって名誉に他なりません。

すべてのインタビューを自分で書き起こして翻訳しなければならないとしたら、この本を完成させるのに、一〇年はかかったことでしょう。ありがたいことに、私は何年にもわたり、二〇人以上の翻訳者、反訳者といった、熟練したアシスタントの方々と出会うことができました。リナ・アブデルアジズ、ジャマル・アブザント、アメール・アル＝クダリ、セレーネ・ダルウィーシュ、ナダ・スニージ・フレイハン、ナディア・マンタブリ、そしてジュード・ワファイには特に、その膨大な数の筆記録の制作に感謝します。本書の様々な段階でのリサーチに協力していただいた、クララ・クリメールとアリ・ディバイン、そして全ての原稿に目を通してくれた、ラナ・コーリーとアメール・アル＝クダリにも大変お世話になりました。

この一冊は、中東政治学プロジェクト、アレクサンダー・フォン・フンボルト財団、およびノースウェスタン大学のいくつかのプログラム、すなわち、バフェット研究所グローバルスタディーズの平等開発とグローバリゼーション研究プログラム、キーマン現代トルコ研究プログラム、アリス・カプラン人文科学研究所、クラウンファミリーの支援によって可能となった、シリアに関する大規模な研究プロジェクトによる成果のひとつです。私は四年間四つの大陸にまたがり、シリアに関する、本書や他の進行中の仕事についてのプレゼンテーションを行い、そこでいただいた鋭いフィードバックからたくさんの恩恵を受けました。これらの直接、間接的な交流は、この本を制作するための思考を形作ってくれました。そのことに関して、マーク・リンチ、エレン・ラスト、ハミスク・カルチュラル・センター・イスタンブール、ベイルート・アメリカン大学、ボアジチ大学、ジョージ・ワシントン大学、ルンド大学、ニューヨーク大学アブダビ校、サバンチ大学、コペンハーゲン大学、デンバー大学、ミシガン大学、ワシントン大学、そしてノースウェスタン大学の政治学科、中東・北アフリカスタディーズプログラムの同僚のみなさまに感謝いたします。

この本は私のエージェント、エイシャ・パンデと、編集者ジェフ・シャンドラーの励ましや文学的なビジョン、大変な努力がなければ完成しなかったでしょう。彼らはこの本をより良いものにしただけでなく、私自身をより良い作家へと成長させてくれました。本書の完成に至るまでの旅は必ずしも容易なものではありませんでした。私は幸運にも、多くの友人や家族たち、テオ・クリストフ、ラジャ・ハルワニ、ジャナ・リップマン、カレン・キース、ジェン・マーロー、アルマス・サイード、スザンヌ・トラバーズ、マーク・ヴァンオーベルベーク、ジュディス・シュワブ、ジュディ・コルカー、アリシア・パールマン、そしてチャーリー・パールマンたちの温かいサポートに頼ることができました。私のパートナーであるピーター・コールは、自身の本を書くのに忙しい間も、彼の知恵、ユーモア、忍耐、そして素晴らしいビーガン料理により私を支え続けてくれました。彼への愛と感謝はとても言い表すことができません。父のマイケル・パールマンは、いつも私を見守ってくれていました。私は父が思っている以上に、父に感謝をしています。祖母のマーガレット・パールマンは常に私を導く光であり、道徳のコンパスです。彼女のたゆまぬ政治活動は、九十代となった今でも、自由と正義を求めて奮闘している人々との連帯以上に大切な使命はないと教えてくれています。

# 訳者あとがき

瑞々しい緑の平原を風が駆け抜ける。でこぼこ道に揺られながら町のはずれに行くと、そこでは数百頭の羊たちを集めた「羊市」が開かれていた。遠くには雄大な川が流れ、その向こうには雪を頂く山脈が連なる。よく日に焼けた羊飼いたちが、自慢の羊を見て行けよ、と袖を引く。日本から来た、というとみな笑顔で出迎えてくれ、ちょっとお茶でも飲んでいきなと誘われた。たっぷりと砂糖を入れたチャーイ(紅茶)を飲み干すと、またいつでも来いと送り出される。何千年もの昔から続く、メソポタミアの原風景がそこにはあった。こんな時間を、何度シリアで過ごしたことだろう。それは街中でも変わらなかった。朝ごはんを食べに訪れたマリキヤの食堂では、揚げ立てのファラーフェル(ひよこ豆のコロッケ)を御馳走され、厳しい戦闘に晒されたコバニでは、自慢の家庭料理を食べきれないほどいただいた。日本に帰国してからも、SNSを通じて「いつ戻って来るんだ?」という連絡が絶えない。なんと温かく、繋がりを大切にする人々が暮らしているのだろうと感銘を受けた。

本書でも詳細に語られている、体制による弾圧や、民衆蜂起の混乱、ISIS(いわゆる「イスラム国」)の侵攻などによって、少なからず、人々の間には互いを恐れる感情が生まれてしまったが、今また人々は、その断裂を越え、共に生きようと挑戦を続けている。戦争とは、ある日終結宣言が出されたとしても、それで全てが終わるわけではない。荒廃した街の復旧、連鎖する憎しみの感情、失われたものへの喪失感、それらは戦争終結後も、幾年にもわたり人々に重くのしかかる。「アラブとか、クルドとか、政権とか、宗教とか、そんなものが問題の本質じゃない。より多くを求めるという、人間のエゴが戦争を引き起こすんだ」。想像もできないほどの悲しい現実を目にしてきた現地の友人の言葉は、その戦争が、どこか日本から遠く離れた場所で起きる出来事ではなく、人類全体の未熟な精神性による悲劇であるということを突きつける。

ニュースで語られる戦争の背景や、識者による複雑な政治状況の説明を聞くと、それはとても個人では太刀打ちのできない大きな出来事に感じられる。しかし、市井の人々の声に耳を傾けると、結局それは、そこで傷つき、苦しむ人々に対し、私たちがどう関わるかという問題であると気づく。ラッカで商店を営んでいた男性はこう言った。「家の前の広場では、毎日処刑が行われていた。朝起きて窓を開くと、そこに生首が転がっているんだ」。彼の家のすぐそばには、ＩＳＩＳの残していった未使用の弾頭が山のように積み重なっていた。骨組みだけになった廃墟の並ぶ通りでは、年端もいかない子どもたちが、日々の糧を得るために金属片を拾っている。早くも再建を果たしたパン屋が賑わう傍らで、全てを失った少年が物乞いをする。「ＩＳＩＳとか、政府軍による被害だけじゃない。アメリカを筆頭とする有志連合軍による空爆の恐怖で、ものを喋れなくなってしまった子どもがいる」と、コミュニティ支援活動を続ける男性が語る。

戦禍を逃れ、難民キャンプに身を寄せる人々の生活は更に深刻だ。雨が降ると、足首まで沈むほどの泥にまみれる土地に、風雨でボロボロになったテントで暮らす。もちろん電気や水道もなく、満足に医療を受けられる病院もない。仮に診療を受けられたとしても、薬を買う資金もない。戻る故郷も破壊され、仕事もない。祖国を離れ、近隣諸国やヨーロッパに逃れた人々も、厄介者と忌み嫌われる。いったい誰がこんな生活を望むだろう。日常的に遺体を目にし、空爆を恐れながら夜を過ごす日々は、いったい何の代償なのだろうか。「シリアで人々が体制によって殺されているのを知って、武器を手に取ったんだ」と、チュニジア出身の元ＩＳＩＳ兵の青年は語った。テレビのニュースで見たシリアの人々が、とても他人事とは思えなくて、戦闘に身を投じたのだという。「家族を守るためには、戦うしかないのです」と、二〇歳になったばかりのアラブ人女性が、年季の入った自動小銃を肩に下げながらインタビューに応じてくれた。「私の村は、政府軍と自由シリア軍、ＩＳＩＳだとか、色んな武装勢力の戦場になって壊滅してしまったよ」と、羊飼いのアラブ人男性が、いまだ不発弾の転がる農村で力なく呟いた。「私の夫や息子たちは、突然やってきた軍隊に、理由なく殺されてしまったのです」。働き手を失った大家族の老婆が、遠くを見つめながら語る。

これらの出来事は、どんな大義のもとに行われているのだろうか。戦争を始めた人々は、本当にこのような結果を望んでいたのだろうか。戦争に無関心でいる人々は、本当にこのような世界を許容できるのだろうか。それは私たちだったかもしれない。それは私たちの愛する人の身に降りかかることかもしれない。本書に記されているような、それぞれの顔を想像できるような言葉の数々は、私たちにそんな疑問を投げかける。

本書の翻訳を進めながら私たちは、それぞれの証言者が今どのような日々を送り、何を思っているだろうかと考えずにはいられなかった。パールマン氏が丹念に集めたこれらの証言は、単なる戦争の記録ではなく、それぞれの人生の大切な記憶である。その一片に触れることで、悲劇を引き起こす人間の愚かさと、それでも希望を見出し生きていく人間の可能性に思いを馳せていただけたら幸いである。

二〇一九年六月

安田菜津紀
佐藤　慧

［著者］
**ウェンディ・パールマン**
(Wendy Pearlman)
ノースウェスタン大学教授．アラビア語を話し，レバノン，ヨルダン，エジプト，モロッコ，イスラエル，ヨルダン川西岸地区，ガザ地区などを含むアラブ世界で20年以上にわたり調査を行ってきた．中東に関する数多くの論文を執筆．パレスチナの民衆運動に関する2冊の著書は各界で絶賛されている．ハーバード大学，ジョージタウン大学，ブラウン大学で学び，ハーバード・ケネディ・スクール，ベルファー・センターにてフルブライト奨学生，および博士研究員を務めた．現在はイリノイ州シカゴ在住．

［訳者］
**安田菜津紀**
フォトジャーナリスト．中東，東南アジア，アフリカ，東日本大震災の被災地などを取材．著書に『あなたと，わたし』(サヘル・ローズと共著．日本写真企画，2018年)，『君とまた，あの場所へ――シリア難民の明日』(新潮社，2016年)など．

**佐藤　慧**
フォトジャーナリスト．中東，アフリカ，東ティモール，東日本大震災の被災地などを取材．著書に『しあわせの牛乳』(ポプラ社，2018年)，『Fragments 魂のかけら』(かもがわ出版，2014年)など．

シリア　震える橋を渡って――人々は語る
ウェンディ・パールマン

---

2019年8月23日　第1刷発行

訳　者　安田菜津紀《やすだなつき》　佐藤《さとう》　慧《けい》

発行者　岡本　厚

発行所　株式会社　岩波書店
〒101-8002　東京都千代田区一ツ橋2-5-5
電話案内　03-5210-4000
https://www.iwanami.co.jp/

印刷・三秀舎　カバー・半七印刷　製本・松岳社

---

ISBN 978-4-00-061357-6　　Printed in Japan